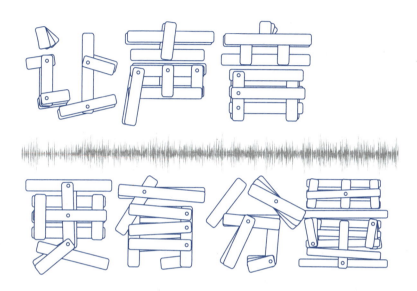

让声音更有分量

▶ 提升你的沟通力和存在感 ◀

［美］康森·周·洛克（Connson Chou Locke）/ 著

杨薇 / 译

中国科学技术出版社

·北　京·

北京市版权局著作权合同登记　图字：01-2022-1867。

图书在版编目（CIP）数据

让声音更有分量：提升你的沟通力和存在感 /（美）康森·周·洛克（Connson Chou Locke）著；杨薇译 . —北京：中国科学技术出版社，2023.4

书名原文：Making Your Voice Heard: How to own your space, access your inner power and become influential

ISBN 978-7-5046-9859-9

Ⅰ . ①让… Ⅱ . ①康… ②杨… Ⅲ . ①人际关系学 Ⅳ . ① C912.11

中国国家版本馆 CIP 数据核字（2023）第 037361 号

策划编辑	李　卫	**责任编辑**	孙倩倩
封面设计	末末美书	**版式设计**	蚂蚁设计
责任校对	吕传新	**责任印制**	李晓霖

出　版	中国科学技术出版社
发　行	中国科学技术出版社有限公司发行部
地　址	北京市海淀区中关村南大街 16 号
邮　编	100081
发行电话	010-62173865
传　真	010-62173081
网　址	http://www.cspbooks.com.cn

开　本	880mm×1230mm　1/32
字　数	127 千字
印　张	7
版　次	2023 年 4 月第 1 版
印　次	2023 年 4 月第 1 次印刷
印　刷	大厂回族自治县彩虹印刷有限公司
书　号	ISBN 978-7-5046-9859-9/C·224
定　价	68.00 元

（凡购买本社图书，如有缺页、倒页、脱页者，本社发行部负责调换）

导言
为什么上行影响力很重要

劳拉离开会议时倍感沮丧。她本想加入热烈的讨论并发表自己的观点，然而其他人一直在相互插话，她找不到加入讨论的合适时机。她试图插话，但是她进行的尝试被大家忽略了。最后，她还是放弃了，并且告诉自己"反正我的观点也没那么重要"。

拉胡尔已经在他的公司工作 10 年了，他也感到很沮丧。他眼看着同样的问题年复一年地出现，也想过该如何解决这些问题。他通过电子邮件向董事长反映了自己的一些想法，但没有收到回复。下一次见面时，董事长对那封电子邮件只字不提。拉胡尔也不敢提起这件事，因为他觉得自己可能僭越了。于是，他对自己的工作越来越感到沮丧和不满。

我们都会像劳拉和拉胡尔一样渴望被倾听，被倾听能让我们觉得自己好像对工作和家庭生活有影响力。人们一直存在这种根深蒂固的需求，然而我们当中的许多人仍然难以让自己的声音更有分量。我讲授的主题为"培养你的存在感、话语权和影响力"的课程总会售罄，这让我看到了人们对这个主题的渴求。后来，一些学员就他们面临的具体挑战向我寻求建议，相应的情况是：他们试图影响某个人或某种状况，却无法如愿以偿。有时候，他们根本无法确定自己应不应该直言不讳。然而，组织要想蓬勃发展并取得成功，就需要让员工敢于直言。

美国心理学家欧文·贾尼斯（Irving Janis）提出了"群体思维"一词，指的是由于没人表达意见和不同的观点而导致群体做出错误决定的现象。贾尼斯发现，造成这一现象的原因要么是成员优先考虑群体凝聚力，要么是成员具有同质性并以相似的方式看世界。如今，群体思维仍然会出现。社会日益多样化、沟通风格多样化，加之文化差异的存在，可能会影响人们的有效沟通。

关于影响力的图书层出不穷，但它们往往没有考虑到文化、非语言行为等对于声音的分量有何影响。我在面向联合国工作人员的研习课程中介绍了这一充满变数的情况。在这一课程中，我们会讨论如何适应不同环境的策略。这些内容让学员很感兴趣，其中有人建议我写一本书来介绍我所讲授的内容。

本书的目标读者是那些声音没有分量或者不确定该如

何把话说出来的人。世界正变得越来越复杂、越来越难以驾驭。我们不能抱着旧方法不放，并指望它们在瞬息万变的新世界中有效发挥作用。现在，我们比以往任何时候都更需要听到多元化的声音和意见不同的观点。本书借鉴了社会心理学、认知心理学和社会学的研究成果，阐述我们应该如何沟通、为什么容易出现沟通不畅，以及应该如何克服这些障碍等。

"上行影响力"是什么？为什么它很重要

我在伦敦政治经济学院（LSE）任教，但是在此之前，我曾担任战略咨询公司波士顿咨询集团亚太区办事处的区域培训和发展经理。在那里，我曾经教顾问如何影响他们的董事长。高管们深知：顾问是负责收集和分析数据的人，如果听不到顾问发出意见不同的声音，就可能找不到适合当地环境的最佳解决方案。在这些课程中，我发现一些顾问喜欢学习如何对董事长直言。然而，还有一些人对此犹豫不决，认为与董事长意见相左会"限制职业生涯"。

当我继续攻读组织行为学博士学位时，我重点关注了帮助顾问向董事长直言时遇到的这种困境。我将其称为"上行影响力"，因为我指的是员工试图影响上级而不是下级的情况。也可以指晚辈试图影响长辈的情况，比如学生影响老师、孩子影响父母等。

我上高中时，有一次妈妈带我去买鞋，她否定了我的每一个选择，选了一双我不好意思穿的鞋。她辩解称，我从未告诉她我觉得这双鞋怎么样。尽管我不确定如果我告诉她了，结果会有多大的不同。在大一假期时，我认定是时候发出自己的声音了。我让小我3岁的妹妹帮忙组织了一次家庭会议，我们在这次会议上向父母解释了我们想要自己做决定这件事。会议进行得并不顺利。父母说，如果他们让我们自己做决定，他们就无法履行为人父母的职责，因为我们可能会因此而犯错。我们无论说什么都无法说服他们，最终我们满心沮丧地放弃了。多年以后，我意识到了自己犯的错误：我没有考虑到我的父母和我之间的价值观差异。

长大成人之后，我发现自己在许多其他情况下也很难发出自己的声音：在工作中，在与朋友相处时，甚至在婚姻生活的头几年里都是如此。一天晚上，我们本来说好了坐下来讨论一下我们的旅行计划。但是当我准备讨论时，我发现他正在看电视频道中的一部电影。我没有中途打断他，而是等到他把那部电影看完，但那时已经很晚了，他说他太累了。当我向他表现出我的沮丧时，他回答道："为什么不告诉我你在等我呢？如果你告诉我，我就会关掉电视，其实我以前看过这部电影。"经他这么一说，我才意识到我压制了自己的声音。

当我认识到其他人也很难让自己的声音更有分量之后，我渴望了解更多相关信息，但却找不到很多关于我所谓的"上行影响力"的研究。学术界有大量关于影响力的研究，但没有哪项研究专门探讨如何影响上级或长辈。我发现了一些相关课题，例如员工建言（了解员工何时以及为什么向管理层提出问题、中层管理者向高层管理者宣传具有重要个人意义和战略意义的问题）[1, 2]以及举报（员工试图制止非法或不道德的做法）[3]，而这些都不是我想要研究的课题。它们探讨了人们为什么会发声，但没有关注如何成功地发声。然而，我确实发现有一些研究证实了上行影响力的益处。

如果员工可以向管理层反映他们的想法和担心的问题，组织就可能从中受益，因为员工是距离客户和日常运营更近的人。相反，如果组织压制员工建言，就会遭受损失。那些觉得自己无法向管理层表达担忧之情的员工会感到不满，最终会变得心不在焉甚至辞职，而管理层却不明所以。[4]

在工作之外，鼓励上行影响力也可以带来诸多好处。如果在一个家庭中，父母愿意倾听孩子的话，那么一家人就会更有凝聚力，而且孩子也不太可能爱耍脾气，就像我在我的两个十几岁的女儿身上看到的那样。在我们全家共度的历次假期中，最美妙的经历之一便得益于我们让当时 10 岁和 12

岁的孩子为家庭出游出谋划策。

如果你是敢于直言的人，那么你得到的结果也可能会是积极的。有证据表明，这一举动不会像有些顾问担心的那样限制职业生涯，而是有可能促进职业发展。我从波士顿咨询集团接触的一些亚太区顾问身上学到这一点。他是临时调任到亚太区办事处的一位欧洲项目负责人（我们叫他马克斯）。在他展示了上行影响力的益处之后，我取得了收获。马克斯和他的团队埋头苦干之际，高级合伙人突然造访并传达了客户提出的一系列需求。马克斯没有像大多数项目负责人那样应下这些要求，而是摇了摇头，告诉合伙人：他们需要评估团队的工作量，并且需要合伙人告诉客户他们无法做到有求必应。马克斯的团队成员做好了应对合伙人发火的准备。然而，合伙人对马克斯的质疑表示欢迎，并感谢马克斯为他的团队着想。马克斯很快就被评为波士顿咨询集团亚太区最成功的经理之一，因为他既能够提供客户所需的服务，同时又不会让团队成员精疲力竭。

多项研究发现，如果你频繁地施加上行影响力，那么结果可能会包括：

- 你更有可能提升自己的绩效考核评分、工作满意度以及归属感[5]；

- 你可能会被视为更适合晋升、表现更出色并且更讨人喜欢的人[6]；
- 即使你进行了不成功的尝试，也未必会有损你的声誉[7]。

尽管施加上行影响力可能看似颇有风险，但是这件事似乎得大于失。但具体结果也会因影响力策略而异。比如运用攻击性或操纵性策略的人不一定会受益，有时还会遇到抵触并收到较差的绩效考核评分[8]。换句话说，仅仅直言还不够——你必须知道如何有效地直言。这就是你将从本书中学到的东西。

无论在工作中还是在家里，上行影响力对你自己和周围的人都是有益的。如果你能够直言并让自己的声音更有分量，就可能让生活更顺心、让人际关系更和谐，并让坦率的沟通取代无声的怨恨。

你可以从本书中学到什么

第一部分：你向世界展现的面貌

你影响他人的能力取决于你给他们留下的印象，尤其是在初次见面时。第 1 章探讨了非语言沟通如何发挥至关重要的作用，让我们的声音更有分量并得到理解。这章介绍了四个交流渠道：动觉、视觉、副语言和语言，其中有三个渠道是非语言的。这章还提供了关于如何处理插话的小贴士，可以帮助劳拉（我在引言开头讲了她的故事）让她的声音更有分量。第 2 章阐述了如何利用非语言沟通来拥有自己的空间，从而提高影响力。除了了解构成"自信举止"的各项要素，你还将了解多种影响策略，例如理性策略和软策略，以及西奥迪尼的说服原则。

第二部分：内在自我

如果你所做的只是改变自己的表面行为，那么这些改变将是肤浅而短暂的。要想真正改变你的影响力，就必须考虑到你的内在自我——这一点非常重要。第3章可以帮助你在了解你的权力基础下，通过建立你的声誉、韧性和自信心来加强你的内在力量。你还将学习情绪管理策略，以确保情绪有助于你尝试施加影响力，而不会在这方面阻碍你。拉胡尔可以在这章中找到非常有用的建议，这些建议有助于帮助他克服对去找董事长这件事犹豫不决的心理。第4章提醒我们注意脑海中的声音，这些声音可能会对我们有所帮助，也可能会破坏我们为了提高影响力而做出的努力。你将了解最常见的贬低型想法，还将了解如何克服它们并用内心的声音取而代之，从而增强你的力量并指引你的方向。

第三部分：社交环境

要想提高影响力，"一刀切"的方法是不存在的。我们影响他人的能力取决于别人如何看待我们的行为，而这些看法因环境而异。我们在成长过程中所看到的并认为是普遍存在的行为——耐心排队、不打断别人说话，在不同文化和性别中存在着很大的差异。如果不能理解这一点，我们就会妨碍自己对来自各种不同情况的人施加影响的能力。第6章探讨了与上行影响力最密切相关的文化差异：权力距离（人们对于权力分配不均的接受程度和期望）和沟通风格。这章将阐述这些文化差异可能会对你所做的事情有何影响，以及如何适应不同的文化背景。

第四部分：制造积极的变化

如果我们所做的一切都正确，但似乎依旧撞上了一堵无形的抵触之墙，该怎么办？第7章着眼于对你试图影响的人可能出现的有影响的心理障碍，以及你可以如何应对它们。这章的后半部分提供了一个简便的参考工具，对整本书中提供的建议加以整理，并将它们集中在一处。

开启你的旅程

在一则著名的伊索寓言中，北风和太阳在谁的力量更强大这个问题上争吵了起来，于是决定通过一场比赛得出最终定论。他们看到下方的小路上有一个孤独的旅行者，商定谁能让这个旅行者脱掉大衣，就说明谁的力量更强大。北风先来，它鼓足了劲儿吹起猛烈的狂风，让树木摇晃不止。旅行者佝起背，把大衣裹得更紧了。接下来轮到了太阳，它柔和地照耀着大地，所及之处都是暖洋洋的。旅行者松了口气，过了一会儿就开始冒汗，然后脱下了外套。太阳赢了。

这则寓言说明：说服等软策略（太阳）比蛮力等硬策略（北风）更有效。但是我觉得它也可以生动地说明权力和影响力之间的区别。太阳和风都很有力量，但两者之中只有太阳有影响力，因为太阳运用了正确的策略。如果你想要提高自己的影响力，那么就必须兼顾内在力量和外部影响力策略。本书可以帮助你做到这两点。

提高影响力是一段旅程，途中离不开动力和自我意识，同时也需要坚持不懈和勤加实践。本书旨在伴你一路同行，为你提供帮助。不妨经常回顾书中的内容，重新读一读与你遇到的特定挑战相关的部分，相信你终将发现自己有所提升。祝你旅途愉快。

目录

第一部分

你向世界

展现的面貌

第1章
沟通不仅仅靠言语

　　玛丽自愿担任孩子所在学校的董事会成员，因为她想要在学校的运作中发挥影响力。但是第一次开会时，她觉得自己如此渺小。出席者大多是男士，会议室里除她自己之外只有一位女士，个子比她高出一大截。在会议进行过程中，她大部分时间都缩在座位上一言不发。每当她试图发表看法时，都没有任何人注意到她跃跃欲试的样子。到了散会时，她怀疑自己报名参加学校董事会这件事是不是做错了。

　　凯在一家美国公司工作了好几年，他的英语水平已经比刚开始时大有进步了。然而，他在口语的速度和流利程度方面仍然不如美国同事，这令他倍感沮丧。他为了做到用词恰当而绞尽脑汁，还常常出现迟疑和结巴。领导让他自信一些，但是他不知道如何才能树立自信。

　　影响力是我们所传达的讯息及传达方式的结合。如果别人注意不到或者听不到我们所传达的讯息，那么我们就无法发挥影响力。在沟通过程中，非语言方面（也就是言语之外的要素）的重要性不亚于实际讯息内容。

我们知道，我们传达讯息的方式很重要——不然为什么要投资提升演讲技巧和购买关于肢体语言的图书呢？但是如果我们只关注肢体语言，那么我们对于沟通的理解就会受到限制。我们的沟通途径实际上有四种：语言（言语）、副语言（声音）、动觉（触碰和接近）以及视觉（外表），而肢体语言只是其中的一种。声音也可以产生强大的效果。如果你听一听专业说书人讲故事，你就会注意到他们之所以能把故事讲得绘声绘色，运用的远远不只是比画出来的手势。如果你看一看演讲高手的演说——比如马丁·路德·金，你就会注意到当他站在讲台后面时，他几乎不使用肢体语言。专业说书人和演讲高手会通过他们的声音来抓住我们的注意力，包括运用节奏、停顿、语调、音量和其他声音特质。当然言语也很重要，但是我们千万不能忘记声音、面部表情和肢体语言可以改变言语的影响力。

如果玛丽和凯采用了我们在本章和下一章中所讨论的自信的非语言信号，那么玛丽就更有可能被注意到，凯也会表现得更加自信。此外，凯还可以受益于后文为英语工作环境中的非英语母语人士提供的一些小技巧（而且他们两人都需要按照第 3 章所讨论的方式来努力增强自己的内在力量）。你会发现，"母语人士"这一术语贯穿本书，它用于指代将特定国家或地区具有主导地位的语言作为母语的人士。虽然一些人认为这一术语存在争议，但它是这一主题的研究中常用的简略表达方式。

在四种沟通途径中，有三种是非语言的。如果你对它们都能运用得当，你就能提高自己的影响力并确保别人听取你所传达的讯息。

非语言沟通真的有这么重要吗

有这样一种说法："93%的沟通是非语言的。"这一说法虽有一定道理，但并不完全准确。这一说法源于心理学家阿尔伯特·梅拉比安（Albert Mehrabian）的研究，他试图确定不同沟通途径的相对影响。

梅拉比安和他的同事比较了四种沟通途径中的三种：言语（语言）、语气（副语言）和面部表情（视觉）。他们使用了预先录制好的演讲，因此没有研究触碰和接近（动觉）的影响。在该项研究中，演员通过不同的面部表情和语气来表示积极、中立或消极的态度，同时言语保持不变；参与者被要求判断演讲者的真实态度。在这种情境下，这些言语在你对演讲者真实态度的判断上并没有多大贡献。如果有人对你说"我喜欢你的发型"，而你试图弄清楚对方的真实态度，你会在多大程度上注意对方的言语呢？几乎不会注意！你会听对方的语气（副语言）并观察其面部表情（视觉）。

梅拉比安发现的正是这一点：当某人表达某种态度时，言语起到的作用非常小[1]。他估算出了以下公式：沟通=7%的言语+ 38%的声音特质+55%的面部表情[2]。这导致有人认为93%的沟通是非语言的——但是请记住，只有在传达态度、感受或意见时，这种说法才是正确的。在陈述事实时，言语起到的作用会远远大于7%。但是，如果你要表达诸如"你的演讲很棒"或是"我对这个项目感到很兴奋"之类的态度时，那就要注意了。单凭这些话是无法说服任何人的，因为人们会寻找非语言信号。如果言语和非语言信号之间存在不一致之处，那么听者往往会相信非语言信号，而不是你的言语。

小贴士 如果你要传达某种态度或意见，请特别注意你发出的非语言信号是否与你的言语一致。如果你对此没有把握，那么请让朋友或是可信赖的同事看着你传达这种态度或意见，然后问问他们你是否给人以真诚的印象。如果出现任何不一致，你的言语都会受到质疑。因为非语言信号更难控制，所以人们往往认为它们比言语更能准确反映你的真实感受。

即使我们并未表达某种感觉或态度，非语言信号也会影响听者对演讲者的印象。试想一下，假设你在倾听公司首席执行官发表本年度最重要的演讲，演讲的哪些方面会影响你对首席执行官的看法？一组研究人员决定进行这方面的探索，为此录制了一名虚构首席执行官的演讲，并改变了演讲内容（有远见与没有远见）、表达方式（强烈的非语言信号与微弱的非语言信号）以及组织的绩效（高绩效与低绩效）。结果，在内容、表达方式和绩效这三个因素中，表达方式对人们判断首席执行官魅力和成效的影响最大。换句话说，组织绩效如何或是首席执行官说了哪些话都无关紧要；如果首席执行官在演讲时采用了有力而自信的表达方式，人们往往会认为他更有成效、更有魅力[3]。

此外，非语言信号也会影响其他人对你所传达讯息的反应方式。当我的孩子还在蹒跚学步时，睡前"亲子斗争"是我们的家常便饭。我说完"准备睡觉"之后，他们都会拒绝。但是他们各自说"不"的方式会在我心中引发截然不同的反应。其中一个孩子一边跺脚，一边怒气冲冲地反抗。而另一个孩子用一只手托着下巴，平静地说出来，仿佛我提出了一个不值得她考虑的建议。这让我卸下了武装，甚至让我笑了起来，心情也豁然开朗。孩子们说出了同一句话，但是她们采用的表达方式改变了这句话的影响力，这就是非语言沟通的力量。

我们应该如何提升沟通技巧

下面，让我们更详细地探讨一下这四个途径。

言语很重要，但没有我们想象的那么重要

当我们寄送信件或发送电子邮件时——也就是说，当我们只使用语言沟通途径时，确切用语很重要。但是当我们说话时，确切用语就变得不那么重要了，因为我们会通过非语言信号来传达我们的意思。虽然我们在进行对话时似乎明白这一点，会专注于我们的意思而不是确切用语，但是在进行公开演讲时，我们经常忘记这一点。

大多数人都觉得公开演讲是件压力很大的事情，并且会设法通过将注意力集中在自己要说的话上来控制这种压力。我见过一些演讲者花费数小时去钻研语言而不是讯息或表达方式，甚至选择拿一张纸照着念以确保言语完全正确。如果你只是说上几分钟——例如介绍主要演讲者，那么念稿是可以接受的；但是如果一连半个小时都是念稿，那么演讲就不怎么吸引人了。你说出的话可能完全正确，但如果人们听不进去，那又有什么意义呢？

小贴士　与其煞费苦心创作自己的讲稿，不如好好思考一下你想要传达的关键讯息，以及你想要得到的沟通结果。你的关键讯息是什么？你希望听众有哪些不一样的想法或做法？想清楚这两件事情之后，言语就会水到渠成。

"我明白了，人们会忘记你说过的话，人们会忘记你做过的事情，但是人们永远不会忘记你带给他们的感受。"这句出自卡尔·布纳（Carl Buehner）的名言被人们反复引用，但常被误认为是玛雅·安吉洛（Maya Angelou）所说[4]，它提醒我们言语往往会被遗忘。不妨回想一下你上次听人演讲的情况。你还记得演讲者的确切用语吗？可能并不记得。我们倾向于记住演讲所传达的意思和感觉，而不是确切用语。对于紧张的演讲者以及在讲英语的公司工作的非英语母语人士来说，这应该是一种安慰。我向许多非英语母语人士传授过演讲技巧，其中一些人过于在意自己的表现，以至于讲得结结巴巴并不停纠正自己。如果语法稍有错误或用词不够完美，他们就会觉得自己没说好。但是人们并不特别擅长记住言语；我们更倾向于记住画面、故事和感受。

尽管如此，我们不能忽视言语的巨大力量。无论采用多么有力的表达方式，如果叙述得毫无章法或是令人一头雾水，也很难让听者接受。为了让自己更具吸引力和魅力，请使用社会心理学家约翰·安东纳基斯（John Antonakis）及其同事发现的语言技巧[5]，包括运用比喻、故事和逸事等。来听我的讲座或演讲的人向我提供积极反馈时，经常提到我用来说明自己观点的轶事。听众觉得这些轶事引人入胜、令人难忘，并且有助于领会我所传达的关键讯息。这些轶事通常来自我的个人经历，包括在不同国家生活以及在各种各样的公司工作的经历。

除了个人经历，你还可以从他人的经历中收集轶事：比如，阅读有趣的传记、收听访谈，甚至还可以通过多元化的人际关系网络进行广泛的社交活动。

安东纳基斯还发现，如果领导者表达道德信念、使用对比和反问、表达对下属的较高期望以及对于下属能够满足这些期望的信心，他们就会显得更有魅力。这些技巧利用了听众的情绪，让演讲更具感染力。然而，为了个人留下魅力非凡的印象，这些语言技巧需要与非语言信号相结合，比如生动的声音、手势和面部表情。

> **小贴士** 使用比喻、故事和轶事来说明你的观点。讲故事是一种颇具吸引力的沟通方式，前提是故事切实相关并且简洁明了！即使听众在很久之后记不清你说过的话了，他们也会记得故事留给他们的感受。在准备演讲时，请你多

多思考相关的比喻、故事和逸事等，而不要一味地锤炼
文字。

当然，如果你要发送电子邮件或进行其他形式的书面
沟通，那么多花点时间来精准地遣词造句是值得的。电子邮
件是一种非常高效的工具，用于与同事进行协作以及直接传
达讯息。然而，电子邮件只会使用四种沟通途径中的一种，
而用不同语气说出的话里有着截然不同的意思，但在电子邮
件中是很难传达语气的。你撰写电子邮件时在脑海中听到的
"语气"，未必会被阅读电子邮件的人感知到。如果你要
传达的讯息可能会引起收件人的负面情绪（比如批评性反
馈），那么最好打个电话。电话交谈为你提供了两种沟通途
径——言语和声音，你可以传达自己的语气，也有机会听到
对方的反应并对你所传达的讯息做出相应的调整。视频通话
可能会收到更好的效果，你可以通过面部表情来补充你所传
达的讯息。如果需要书面记录，可以后续发送一封邮件，
总结这次内容。

当你生气时，发送电子邮件可能是一种不错的沟通方
式，因为它会给人一种理性和客观的错觉。我记得，有几次
我对某人感到生气，于是很想给对方发送一封电子邮件来详
细说明对方做错了什么以及需要如何解决问题。但是，如果

在给出负面反馈时只使用一种沟通途径，可能会导致双方在电子邮件往来中的愤怒情绪和戒备不断升级（我吃了一番苦头才明白这个道理！）。如今，我会打电话或安排会议来沟通问题，我们可以通过进行对话，更快地解决问题并保持良好关系。我也可以在提出指责和假设之前，先弄清楚对方对相关情况的想法。先听听对方的想法，往往可以改变我对相关情况的看法并带来更好的结果。

小贴士 不要随意通过电子邮件进行沟通。请想一想你的沟通目的，考虑一下打电话或安排视频会议会不会更好。

声音的力量常常被忽视

我们很少花时间考虑沟通中的副语言，但是这个方面涵盖的领域之广令人吃惊。它包括我们发出的任何不属于确切用语的声音，比如大笑、叹息、说"呃"，甚至还包括我们说话时出现的迟疑和停顿等缺少声音的情况。它也包括我们说话声音的特征，比如音量、语气、语速、口音和声调等。我们可以轻声或大声、胆怯或自信、结结巴巴或流畅自如地讲话，我们的声调可以一成不变或抑扬顿挫。

进行谈话时，我们会自然而然地改变声调和重音；但是到了进行公开演讲时，我们往往做不到这一点。许多人在演讲时的声音会变得比较单调，而到了最后的问答环节中，他们又会恢复更加自然、更具表现力的讲话风格。当我辅导人们练习演讲技巧时，我会对他们的演讲进行录制并向其展示演讲时单调的声音和回答问题时富有表现力的声音之间的对比。这样做是为了让他们用更加自然、更具表现力的声音来进行演讲。我给一位讲话听起来有些单调的演讲者提过一个小建议：通过给年幼的孩子朗读故事书来学习如何增强表现力。在我看来，这项练习可以帮助他学会进一步调整自己的声音。

通过调整声音，你不仅可以变得更具吸引力，还能在你强调关键要素并淡化其他要素时帮助传达你的讯息，甚至可以让你听起来更加睿智，因为更具表现力的声音与更高的智力相关联[6]。但是，要避免过犹不及。我曾经听过这样一位演讲者讲话，虽然她的声音极具表现力，但听起来就像在对孩子说话而听众都是成年人，就像父母试图通过强调每个词来吸引孩子的注意力。如何才能把握好表现力的火候呢？你需要进行尝试并听取反馈。

试试这样做：调整声音，让声音更具吸引力

从演示文稿或书中的段落中节选三分钟进行练习，并记录每次尝试。让自己的表现力由弱到强地推进。先以尽可能

单调的方式讲话；然后以过于戏剧化的方式讲话，加以夸张并尽情享受其中的乐趣！最后，以介于两端之间的表现力讲话。在戏剧化的方式下，不妨疯狂起来，狠狠推自己一把。这项练习很可能会让你觉得不舒服，但你的目标是让声音更具吸引力，而不是停留在自己的舒适区。

尝试上述练习，可以帮助你感知自己的表现力。如果你的演讲风格非常单调，你甚至可能会发现自己极其戏剧化的声音听起来出奇地正常，表现力也恰到好处。请向你的朋友或同事播放你的练习录音，并听取他们的反馈。

还有一个非常引人注目的特质是口音，尤其是外国口音。在一些国家和地区，英语是主要的工作语言。一些企业可能会选择英语作为工作语言，正如一家法国跨国公司的法国员工所发现的那样[7]。被迫用英语交流会让人觉得似乎对非英语母语人士不利，他们可能会因为英语不流利或带有外国口音而感觉苦恼。

一些研究发现，部分母语人士对于带有外国口音的人看法较为负面，而且口音越重，评价就越负面[8]。但是请记住，口音在你的沟通方式中只占一小部分。你可以运用沟通的许多其他方面来影响他人对你的看法，包括外表、声音表现力以及你所说的内容。哈佛大学商学院副教授黄乐仁（Laura Huang）及其同事试图了解对外国口音的负面看法背后有着怎样的原因，他们发现这是因为一些母语人士认为外国人不熟悉当地文化，因此无法驾驭微妙而复杂的社交互动[9]。黄乐仁发现，在一场募投大赛中，一些带有外国口音的企业家举例说明了他们能够应对复杂的社交情形（如达成交易或谈成优惠价格），他们往往比英语母语人士更加成功[10]。

> **小贴士** 如果你讲话带有外国口音，并且在工作面试中面对着英语母语人士，那么举例说明你能够应对复杂的社会环境，或是举例说明你的多元文化背景会在该职位上带给你怎样的优势，可能会对你有所帮助。例如，如果你正在申请一份教学工作，那么可以指出：你自己作为一名国际学生的经历教会了你如何营造更具包容性的课堂环境，而且你能够让所有学生都轻松理解各种概念。

蒋甲——一个比许多母语人士流露出更多自信的、身在美国的中国人创建了"100 天拒绝疗法"网站[11]。蒋甲为了让自己对于被拒绝的痛苦不再敏感，而向陌生人提出各种意想不到的要求，并在该网站上发布一系列短视频记录了这项社会实验。

> **小贴士** 不要过分在意自己的口音，因为这会影响你的自

信心。请记住，大多数人对你要说的内容更感兴趣，而不是你说话的口音。如果你的口音让人不易听懂，那么请努力说得更清楚一些，或者专注于你所传达的讯息和非语言举止。学会运用自信的举止，可以让你看起来更有魅力、更有能力和更有成效，我们将在下一章中进行这方面的讨论。

"填充词"是指不会增加任何含义的词语或声音，如：嗯，呃，这个，你知道吗，它们充当了一种不必要的口头禅，用来填补讲话过程中出现的短暂沉默。我们可能会认为填充词可以向别人表明我们仍在说话，从而防止他们插话，但是它们起不到多大的帮助，还很容易分散注意力。我曾经听过这样一位演讲者讲话，他动不动就发出拖长声的"呃……"，以至于我不再注意他所传达的讯息，而是在等待下一个"呃……"。如果你担心被打断，最好轻轻说一句"让我想想……"或是"给我点时间……"最好用短暂无声的停顿取代填充词，因为填充词往往会频繁出现，并且只持续一瞬间。说完一个想法之后，暂停一下再说下一个想法，是一种很好的做法，因为这可以让听者领会你刚刚说过的内容。在演讲过程中不时故意停顿，甚至可以让你显得更自信，但前提是你的沉默必须伴随着"自信的举止"（参见第2

章）。否则，你可能会显得犹豫，而不是故意停顿。

试试这样做：运用停顿让自己听起来更自信

重复前文中你进行的三分钟练习。这一次，我们要探索停顿的力量。先以你的自然语速录制这段练习。然后再来一次，这次要在关键时间点有意识地停顿，如说出一段重要信息之后或说完一个想法之后，每次停顿大约两秒钟。如果你习惯使用填充词，请用短暂的沉默取代它们。如果有人说你语速太快，请适当放慢讲话速度，以自然的语速讲话并插入停顿。通过停顿，听者的思路可以跟上你所说的内容。请听取听者给出的反馈，看看是否有帮助，并对停顿的次数和时长进行相应调整。听听看这会让你的表达有何改观。

在你学习控制自己的声音时，传达讯息时使用的语气是一个重要的方面，因为它可以改变话里的意思。同一句话"那个项目做得真棒"听起来可能是祝贺，也可能是讽刺，具体取决于语气。学会有意识地控制自己的语气，可以让听者更明白你的意思并受到更大的影响，从而有助于你成为更有影响力的人。

试试这样做：通过语气传达你的意思

和朋友轮流用两种不同的方式说出下面的句子，但不要透露你想要表达的意思。除了声调，还可以借助面部表情来传达这个意思：

第 1 句："那个项目做得真棒"；先用祝贺的语气，然后用讽刺的语气。

第 2 句："你觉得这个主意怎么样"；先用没有把握的语气（你似乎认为这是个坏主意），再用自信的语气（你似乎认为这是个好主意）。

你的朋友必须猜出你想表达的意思。来回交替，轮流向对方提供反馈，以磨炼你的声调和面部表情。要想听起来很真诚，关键在于要避免试图表达祝贺时过犹不及。以上句子只是建议，你也可以自己随意举例。目标是管理你的声音和面部表情，让对方完全明白你的意思。

声音是一种极其强大的工具，能让我们更具吸引力，也能让我们听起来更自信。然而，我们大多数人都没有充分发挥它的潜力。不妨定期抽时间重温本章介绍的练习。请保留录音，以便查看自己的进步情况。在四种沟通途径之中，这可能是对大多数人来说最有挖掘潜力的。花些时间来掌握副语言方面的沟通，将有助于你成为与众不同的演讲者。

触碰和接近时，需要对他人的舒适度具有敏感性

如果你目前从事远程工作并通过电子邮件和视频通话进行沟通，请花些时间磨炼你的副语言技能。在你无法拍拍对方肩膀或是直视对方眼睛的情况下，声音是你与别人进行互

动的主要途径。但是，当你和别人处于同一地点时，对周围物理空间的使用可以成为一种强大的沟通方式。站得离某人更近并转向对方可以表示关心，而后退一步并将身体转开则表达想要摆脱对方的强烈愿望。轻轻拍拍对方肩膀可以表示同情，而用力拍拍对方背部则表示鼓励。见到陌生人时，我们经常根据对方握手的坚定程度得出关于他们的结论，而且这种第一印象往往会挥之不去。

我们当中有多少人会寻求对我们握手质量的反馈，或者询问我们站着或坐着的位置是否离某人太近？对于我们大多数人来说，提问似乎是件很尴尬的事情，我们更容易假设对方的舒适度与我们自己相同。然而，每个人的舒适度可能会相去甚远。一个人可能喜欢通过拥抱打招呼，而另一个人可能更喜欢握手。即使是同一个人，舒适度也会有所不同，比如与朋友相处时坐得比较近，而与同事相处时保持比较远的距离。

空间关系学研究我们如何使用周围的空间，尤其是我们在与他人互动时觉得有必要保持的间距大小。如你所料，这方面存在着文化差异。我在中国香港工作时经常参加鸡尾酒会，其宾客来自世界各地，于是我们经常会无意中体验到一种"舞蹈"：一个人靠近一些，而另一个人由于对人际距离的舒适度不同而后退。人类学家爱德华·霍尔（Edward

Hall）是最早注意到这方面差异的人之一，他的研究发现：在一般情况下，南美洲、南欧和东欧以及阿拉伯国家和地区的人们倾向于站得更近；而亚洲、北欧和北美洲的人们倾向于站得更远[12]。他认为不同文化背景的人差异明显。[13]

试试这样做：衡量你自己的舒适度

邀请一小群朋友或同事聚在一起。请一个人坐在房间中间的椅子上（周围没有桌子或是任何其他家具）。将其他所有椅子移开。然后，你拿一把空椅子，假装要和坐着的人交谈，把椅子放在你认为舒适的谈话距离处，但不要在你们之间放置桌子或任何其他物体。进行一次简短的交谈，以确认这是否真的是你认为舒适的谈话距离。如果不是的话，那就调整椅子之间的距离。

让人从房间内一个固定的位置拍照，在这个位置上要很容易看到两把椅子之间的距离。把你的椅子移开，让下一个人如法炮制，然后再次拍照。

最后，你应该拿到了一系列照片，其中显示了每个人决定放置椅子的位置。看看你们的小群体中存在多大差异。如果你们都有着相同的性别，并且有相同的文化背景，那么差异可能不会太大。但是在更加多样化的群体中，你应该会注意到一些差异。询问坐着不动的那个人更喜欢哪种距离以及有没有哪些距离令其感到不舒适。

如果你们的小群体中存在差异，请留意你是否倾向于比别人坐得更近或更远。这一点有助于你了解自己的舒适度，并且为你提供了一些有关如何接近陌生人的指导。如果你倾向于比别人坐得更近，请稍微退缩一点，以防其他人感到不适。如果你倾向于比别人坐得更远，请让自己稍微靠近一点，以免显得过于冷漠。对你的朋友进行这一测试，看看他们的反应。

此外，霍尔还注意到，人们在互动过程中接触他人的倾向也存在差异。在"高接触"或"外向"的文化中，人们不仅在说话时站得更近，而且在交谈过程中也更倾向于运用触碰。相比之下，北欧、北美和亚洲的文化往往属于"低接触"或"保守"的类型。同样，以上是一般情况，因为不同国家或地区之间存在差异，甚至在同一国家或地区内也存在区域差异。在外向的文化中，人们常常通过拥抱或亲吻来打招呼；而在保守的文化中，人们通过握手来打招呼。在一些地区中，人们通过鞠躬或点头代替握手来完全避免身体接触，尤其是在男女之间。还有一些地区，人们用点头的方式打招呼[14]旅行时，请留意当地习俗——以便入乡随俗。

小贴士 去其他国家旅行之前，了解当地人惯用的打招呼方式并加以运用。大多数人都会欣赏这一点，因为这表明

> 你花了时间去了解他们的文化并尊重他们的习俗。但是，
> 也要注意个体差异。如果对方喜欢握手，跟随对方的做法
> 即可。

在运用触碰和接近来施加影响时，你必须让对方觉得舒适。坐得太近，对方可能会认为你过于亲近；坐得太远，对方可能会认为你态度冷淡。尽可能让对方先行动，并相应地做出调整。虽然在许多情况下，保守一些会比较安全稳妥，尤其是在你与异性交流时，但是在外向的文化中，过于保守可能会让你显得不太平易近人。动觉是一种很难驾驭的沟通途径，尤其是在跨文化背景下，但是如果你能熟练掌握，就可以借助它与他人建立更牢固的联系。

给人留下第一印象时，外表最重要

如你所想，你的外表可以传达大量信息。当我们见到一个人时，我们很快就会形成第一印象，包括对他们的身体特征、服装、仪态、姿势和面部表情的了解。

视觉途径是一种强大的途径，它强大到可以影响我们的其他感官。试想一下，假设一位教师讲话带有外国口音，但无法确定是哪国口音，那么这位教师的外表会影响你对其声音的看法吗？在一项对美国大学生的研究中，答案是肯定的。[15]

此外，视觉途径也会影响我们品尝和体验事物的方式。一家餐厅对相同的廉价葡萄酒采用两种不同的装瓶方式，分为加利福尼亚州葡萄酒和北达科他州葡萄酒——它们给顾客带来了截然不同的体验。一些顾客拿到的酒带有加利福尼亚州标签，他们喜欢这款酒，喝得更多，并在用餐时流连忘返。还有一些顾客拿到了北达科他州版酒，他们表示酒味道不好，喝得更少，甚至觉得食物也不够美味[16]。另外，求职者的外表也会影响我们对他们是否适合这份工作的判断。研究人员发现，如果应聘者运用眼神交流、常常露出微笑并采用身体前倾的姿态，他们往往会获得更好的评价。但是，外表的其他方面会对面试官的印象产生更大影响，包括：应聘者的商务着装、仪容仪表和外貌吸引力[17]。

小贴士　在准备求职面试时，与朋友进行角色扮演，练习眼神交流、微笑的表情和身体前倾的姿态。记录自己的状态，看看你给自己留下的印象。面试当天，请确保头发整洁，并穿着得体。请记住，没有任何一种"标准"的着装适用于所有行业。你可以在面试前了解一下该公司员工的着装风格。我有个学生曾经身穿保守的灰色西装去面试一家广告公司，结果发现他们的员工都穿着更加多彩的服装。她没有得到这份工作。

外貌有吸引力的应聘者会给人留下更好的印象，这一事实与称为"美貌溢价"的概念有关。"美貌溢价"是经济学家大卫·哈默梅什（David Hamermesh）和杰夫·比德尔（Jeff Biddle）提出的术语。在1994年的研究中，哈默梅什和比德尔研究了在美国和加拿大进行的大型家庭调查得到的数据，其中包括对负责收集数据的访谈员吸引力的评分。他们发现，更有吸引力的人往往会获得更高的时薪。虽然吸引力在很大程度上具有主观性，但是诸如此类的研究发现：在根据面部比例和平衡感等因素对某个人的吸引力进行评判时，多位独立评判者通常会达成一致意见。

另外，有研究发现，如果同时考虑到个性和仪容仪表，女性的美貌溢价会消失，而男性的美貌溢价会显著减弱[18]。似乎只有在不知道实际能力的情况下，人们才会考虑吸引力。研究人员向参与者展示了应聘者的照片，并询问参与者愿意开出多高的薪资来聘用应聘者担任涉及谈判或数据录入的工作。只有在吸引力与受聘者从事的工作密切相关时（如谈判），才会发生"美貌溢价"。等到此人的实际工作表现变得显而易见之后，"美貌溢价"就消失了[19]。只有在无法获得更有效的信息时，"美貌溢价"才会用到吸引力。

我们不应关注"美貌溢价"，而是应该关注工作表现、仪容仪表以及外表的其他要素，如肢体语言、服装和面部表情等。

还要记住，在许多情况下，只有在给人留下第一印象时，外表才是最重要的。随着时间的推移，你的个性、品行和能力会变得显而易见。没有更有效的信息时，外表是重要的。但等我们了解更多信息之后，外表就变得没那么重要了。

即使在给人留下第一印象时，外表也不是全部。身为企业培训师新手时，我吃了一番苦头才明白这个道理。在第一次大型培训课程的前一晚，我本应该厘清课程的目的和关键讯息，但在当时，我却在为自己的装束绞尽脑汁，并精益求精地完善幻灯片。尽管我的着装和幻灯片看起来都很好，但结果证明那次课程很平庸，条理性很差，讯息也不明确。从那以后，我明白了平衡是至关重要的：外表或许很重要，但是影响力也离不开自信的态度和明确的讯息。事实上，正如我们将在下一章中看到的，表现出自信可以让别人相信你是有能力、有成效的。也许，比"美貌溢价"更重要的是"信心溢价"。

如何对谈话善加利用

当我们与别人交谈时，我们常常假设对方在何时插话或是要不要提问等方面会遵循相同的不成文规则。然而，语言学教授黛博拉·泰南（Deborah Tannen）观察到了职场谈话中存在的差异，尤其是女性和男性之间的谈话[20]。她认为，女性往往会采用更加谦虚、更加以集体为重的沟通风格，会婉拒赞美，会说"对不起"，会提出问题，会说"我们"而不是"我"。相比之下，男性往往会采用更加个人主义的沟通风格，会宣扬自己的成就，会避免道歉，会声明表态，会说"我"而不是"我们"。这些差异不足为奇。[21]

当然，并非所有女性和所有男性都是如此，具体情况因人而异。但是，如果你明白有些人比其他人更喜欢插话，比其他人更喜欢提问，或是比其他人更喜欢吹嘘，这会对你有所帮助。当意识到这些是在社会中习得的行为而非个性特征时，将有助于你更灵活地把握自己的行为。如果你发现在自己所处的环境中，人们你一言、我一语地不断互相插话，而你却要坚持等待轮到自己，那么你可能会永远无法让人听到你的意见。如果你习惯于提出许多问题，而在一次会议上，你本应以信心十足、胸有成竹的方式讲话，但却继续按照自己的习惯一直提问，那么有些人可能会认为你缺乏相关知识储备。

> **小贴士** 当你置身于新环境中时，请留意周围人的沟通方式。就像适应不同文化的过程一样，以相同的方式调整你

的沟通风格。你适应得越好——尤其是在会议和小组谈话中，就有越大的机会让别人听取你的意见。如果你不喜欢这种文化，并且想要改变它（如让大家不要插话），那么你需要通过构筑自己的权力基础，在同事中建立信任（参见第3章），然后才能发挥影响力以实现改变。

学会应对插话

一位女性高管曾经向我抱怨，她觉得自己在会议上很难做出贡献，因为她的同事（主要是男性）不断地插话。但是当我建议她也学会插话时，我的建议冒犯到了她。她对插话的社会观念根深蒂固，以至于她根本无法接受。然而，在插话这件事上，不同文化之间存在很大差异。虽然在比较保守的文化中，人们认为插话是粗鲁的行为，但是在外向的文化中，频繁地插话被视为谈话的正常组成部分。一项研究探讨了瑞典人与西班牙人之间的一次谈判，发现西班牙人插话的频率是瑞典人的五倍[22]。另一个极端是，日本人通常不但会避免插话，甚至还会先等待几秒再开口，以确保对方把话说完。在外向的文化中，人们可能会将这种做法理解为讲话者无话可说并陷入沉默。插话是一种在文化中习得的行为，我们越能理解和接受这种差异，就越容易调整我们自己的行为以适应环境。

如果你是那个被插话的人，该怎么办？你应该如何做出反应？基本上，你有三个选择：

（1）停止讲话并让出发言权；

（2）暂停一下，确认插话的内容，然后继续讲话；

（3）不理会插话，继续讲下去。

还有第四个选项：如果在你所处的环境中，插话已经成了常态，那么可以让出发言权，不过只是暂时如此，稍后再跳回去表达你的观点。你做出的选择取决于具体情境和插话的类型。

小贴士 当有人插话时，为了选择最佳对策，请考虑具体情境。如果你正在参加头脑风暴会议，有个更资深的人用自己的想法打断了你尚未成形的想法，那么你最好让出发言权。如果同事插话要求澄清，你可以回应插话，进行澄清，然后继续讲话。如果你面对的是让你无法把话说完的习惯性插话者，你可以继续讲下去，不理会他们；也可以转向他们，以坚定而不失友好的方式说一句"稍等"；还可以说些轻松愉快的话，如"我所说的话让你如此兴奋，真是太好啦！但是我还没说完呢"。关键在于不要生气，要保持坚定而不失友好的方式。

这样还可以帮助你在群体中找到志同道合的人——你们同意相互支持，如果你们之中有人被打断，其他人会站出来说："等一下，我想听他说完。"如果长期存在的插话问题是由特定的人造成，可以把这个人叫到一旁私下聊聊，说一说你对他的插话有什么感受，并请他等你说完自己的观点再开口。习惯性插话者可能在插话成为常态的环境中长大，因此并不知道自己的行为对你有何影响。当然，这取决于你与那个人的关系有没有好到你可以在向其提供反馈时直言不讳的程度。重点在于，插话是一种习得的行为，这意味着我们可以学会进行必要地调整。

停止在不必道歉的情况下道歉

"对不起"这个词在这里特别值得一提。黛博拉·泰南发现，女性比男性更倾向于在不必道歉的情况下说"对不起"。例如，在你可以说"打扰一下"的情况下，或者在实际上是对方有错的情况下（尽管笔者发现，很多英国男人也会把"对不起"挂在嘴边）。"对不起"是个有分量的词，它可以表示对他人的尊重。但如果过于频繁地使用这个词，就会让你显得懦弱胆小，仿佛你在为现有情况谇歉一样。我的小女儿养成了这个习惯，而她的姐姐为了帮助她改掉这个习惯，每当她在不必道歉的情况下说出"对不起"时，她的姐姐就会问她："你为什么要说'对不起'？"

请不要误解我：我并不是建议我们永远不要说"对不起"。不过它是个有分量的词，我们应该有意识地使用它，而不是习惯性地、不假思索地使用它。如果我参加会议迟到了，而且我是会议室里职级较低的人之一，那么我会说"对不起，我迟到了"，以表示对其他人的尊重。另一方面，如果我是职级最高的人，并且负责主持会议，那么我会说"非常感谢各位耐心等待！""对不起"应该留到真正需要的时候再说。如果一直为自己道歉，就会让人觉得你的意见不值得听取。

> **小贴士** 如果你习惯了过于频繁地说"对不起"，请用更合适的词代替它。不妨在互联网上搜索一下"说什么可以代替对不起"，你会找到许多很好的建议。比如，一篇文章建议大家思考"对不起"背后的意图并改用相应的词。[23] 如果你想要表达同理心，请说"遇到这件事，可想而知，你有多么失望……"，而不是"对不起，你被堵在路上了"。如果你想要插话，请说"打扰一下"。我所见过的最佳建议之一是将"对不起"替换为"谢谢"，比如，将"对不起，我迟到了"替换为"谢谢你耐心等待"。

无论你会不会插别人的话，你应对插话的方式，以及你使用"对不起"这个词的倾向，都会影响别人对你的看法。更清楚地了解这些谈话技巧的运用方式，有助于增强你的影响力。

我们是否过于关注非语言信号

和文字不同，非语言信号是永远无法"关闭"的。即使在我们坐着不动或是不去思考任何事情的时候，对我们的行为进行观察的人仍然会解读或误解我们的姿势或面部表情。你是否曾经常根据某个人的坐姿或是脸上的表情来妄下结论？我还记得，在我的一次讲座中，台下有一位男士从头到尾都是一副面带怒容的样子。在演讲过程中，我很想知道自己说的哪些话让他生气了。演讲结束后，他举起了手，而我打起精神准备迎接我本以为会充满敌意的评论。但结果出人意料，同时也让我松了一口气！他告诉我他非常喜欢这次演讲，然后提出了一个问题请我澄清一下。我完全误解了他脸上的表情，他的脸在自然放松状态下大概就是这样的！

难怪我会误会。虽然我们经常试图猜测别人的想法和感受，但是我们往往会高估自己的读心能力。尽管如此，我们还是会继续竭尽全力。进行这种猜测时，我们经常依赖非语言信号，因为它们始终处于活跃状态，而且我们往往认为它们可以揭示这个人的真实感受。即使在一起生活了二十多年之后，我还是会误解我丈夫的面部表情，误以为他在生气。如今，我不会再误解这些信号，而是学会了暂且不加评判，并告诉自己："不要妄下结论！"

我们应该如何将本章提出的建议应用在玛丽和凯身上呢？凯应该重点开发他声音中的其他特质，如停顿、语气等，还应该运用更多比喻、故事和轶事。通过让听众将注意力集中在故事和画面上，他可以吸引他们关注他所传达的讯息内容。另外，玛丽需要让自己看起来更高大、更自信。虽然本章提供的建议是一个很好的起点，但是她的主要重点应该放在下一步：拥有自己的空间并运用自信的举止。

让我们将你迄今为止所学到的关于非语言沟通的知识提升到新的水平。在下一章中，你将学习如何将这些非语言信号组合在一起，让你显得更自信、更能干，也更强大；你还将学习如何将其与影响力策略相结合，让你更具说服力。

第2章
如何拥有自己的空间

在参加一次学校董事会会议之前，玛丽召集了一群朋友进行角色扮演，在此过程中，她学会了如何吸引大家的注意力并表达自己的观点。朋友们向她提供了反馈，她不断练习，直到自己感觉比较舒适为止。此次角色扮演在玛丽的脑海中留下了深刻印象，因此当她进入会场并就座时，她觉得自己有了底气。她展现了最近学到的自信风度，身体坐直、双臂张开。她强迫自己环顾房间，与其他成员进行眼神交流并示以微笑，甚至与坐在附近的人聊起天来，而不是一味盯着自己的手机。得益于在会前建立的这些联系，她在会议开始后受到了关注，当她在讨论中被插话时，邻座的人甚至跳出来为她救场。

正如玛丽所证明的，要想拥有自己的空间，就需要将两件事情结合起来：一是通过非语言信号展现自信，二是能够与周围的人建立联系。但是，为什么自信如此重要？我们究竟应该使用哪些非语言信号？我们来了解一下。

为什么自信如此重要

在中国香港生活了十年之后，我搬到美国加利福尼亚州攻读博士学位，并应邀担任陪审员。作为一名看起来比实际年龄小一些的非白人女学生，我在陪审团中的影响力按理说应该比较小。我的观点属于少数派，其他陪审员当中只有一两个人与我的观点相同。然而，得益于我在担任企业培训师的那些年里磨炼出来的非语言信号（眼神交流、姿势、自信的语气），加上我在担任管理顾问期间学会的逻辑论证（也称为"理性影响策略"，本章稍后将会讨论），使我能够说服陪审团的其他成员。

社会学家研究了我们在工作群体中认可他人影响力的方式，发现一些显而易见的特征（如职业、年龄等）会在群体中产生影响[1]。试想一下，假设你参与了一个试验，在其中担任模拟陪审员，并且遇到了这样一个案件：原告将会获得一笔钱，而你必须定夺这笔钱的金额。陪审团中没有人具备与该案件直接相关的专业知识。在讨论的过程中出现了各种不同的观点，没有明确的正确的答案。你该决定要听谁的呢？

在大多数情况下，对群体决策影响最大的人是拥有更高学历、有更好的工作、更有声望的人。就这个试验中的"陪审团"而言，该群体中存在这样一种无意识甚至不合逻辑的行为：如果该群体中有一位医生，那么此人对最终决策的影响会比其他成员更大，即使问题与医学毫无关系。当然，一个人可能具有不止一种地位特征。在一个由建筑工人、一位投资银行家、一位计算机技术人员以及一名女教师组成的陪审团中，谁对群体决策影响最大？银行家有可能影响力最大，因为他有着一份不寻常的高薪工作。

原理是这样的：你和其他陪审团成员努力确保得出成功的结果，而你们并不知道彼此的实际能力，因此你们会使用一些显而易见的特征来影响彼此。团队合作的时间越长，大家就越有可能注重知识和技能等特征。[2]

让自己拥有影响力的另一个关键因素是，你的外表和声音都要显得很自信，因为自信是任何人都可以使用的一种特征[3]。在实际能力未知的情况下，自信的人更有影响力。然而，过于强势是行不通的。通过凝视或是通过发号施令的响亮声音来支配别人的做法并不能展现自信，并不会让你更具影响力。在你并不担任领导的团队中，展现自信远比展现支配性更有成效[4]。

展现自信还有一个额外的好处：人们会认为你更强大，更像领导者，因为与自信相关的非语言信号和与领导者相关的非语言信号相似。试想一下，假设你在参观一家公司的办公室时，看到两个同事站在走廊里交谈。其中一个人双腿分开站得稳稳当当，同时摆出双臂向外的姿势；另一个人紧紧抱住一堆纸张，身体呈现收缩姿态。前者讲话比后者更大声，并且数次插嘴，而后者讲话时有些犹豫。在你看来，谁的职级更高？大多数人都会立即说是前者。这是因为与领导者相关的非语言信号得到了广泛认可。与权力较小的人相比，权力较大的人往往会摆出更加敞开、更加舒展的姿势，会向对方倾斜身体，会在对方讲话时更频繁地插话，也会用更大的声音讲话[5]。这些暗示也可以表示自信——换句话说，如果你让自己看起来很自信，你也会让自己看起来更加强大。

如何才能让外表和声音显得更加自信

在角色扮演的过程中，玛丽一直在挣扎。设法引起陌生人注意这件事让她望而生畏，她总是忘记朋友们教给她的保持自信的方法。但是她的朋友们并没有放弃。"环顾房间。"其中一个人提醒道。"听起来太不果断了；讲话时再自信一些。"另一位朋友提醒道。"身体坐直，张开双臂。"第三个人提醒道。整整一个下午过去之后，这些行为变得更加自然了。她观看了刚到下午时拍摄的一段视频，对比经过一下午的努力后拍摄的视频，可以看出自己取得了多么大的进步。看着自己如此自信的样子，甚至让她的内心也充满了自信，她觉得自己为下一次学校董事会会议做好了准备。

我在演讲技巧培训中也教授过玛丽所学习的行为。但是，这些行为真的得到了研究的支持吗？答案是肯定的。我在继续攻读博士学位时发现，只需掌握数量少得出奇的几种非语言信号（我称之为"自信的举止"），就足以让你显得更加自信、更加强大，也更有影响力。这些行为主要有：眼神交流、声音特质、姿势和手势[6]。

讲话时的眼神交流频率应该至少与倾听时相同

如果你观看一段两个人交谈的视频，但关掉了声音，你能分辨出谁在这段关系中权力更大吗？社会心理学家约翰·多维迪奥（John Dovidio）及其同事发现，这个问题的答案往往是肯定的，因为人们会本能地观察"视觉支配比"。这个比率衡量的是"边说边看"和"边听边看"这两种行为之间的差异。权力较大的人在讲话时进行眼神交流的频率往往比倾听时更高。对于在这段关系中权力较小的人而言，情况恰恰相反——他们在倾听时进行的眼神交流往往比讲话时更多。同辈之间交谈时，这个比率几乎相等[7]。

我们常常将眼神交流视为只有一个维度的行为，但是多维迪奥的研究告诉我们事实并非如此。在倾听时进行眼神交流是很好的做法，因为这样可以传达温情和关注。讲话时的眼神交流对于权力和影响力至关重要。

小贴士 要有规律地频繁进行眼神交流，尤其是在讲话时。这并不意味着不间断的目光接触——在我们进行思考时，目光会很自然地四处游移。但是，如果你发现自己在讲话时躲避对方的视线，那么请稳住自己。我有个学生表示她难以进行眼神交流，因为盯着对方的眼睛会让她过于紧张。事实上，"眼神交流"并不意味着直勾勾地盯着对方的眼睛，而是需要用"柔和"的目光凝视对方脸上的眼部区域。这样应该会感觉更自然，而不那么紧张。面对听众讲话时，我会将目光停留在房间内的不同区域，同时转动我的面部，从而让每个人都觉得我是在朝着他们的方向讲话。

你的声音应该让人听得见，同时具有自信的语气和流畅的语速

在上一章中，你练习了调音，这对于引人入胜的讲话方式很重要。如果你想要以自信而有力的方式讲话，那么还要注意音量、语气和语速。

音量需要让对方容易听到；讲话太轻柔会给人一种懦弱的印象。当然，音量也需要根据听众人数和房间大小来相应地调整。在只有三位同事的小型办公室里讲话时，你需要使用比在有五十个人的大房间里更加轻柔的声音。如果你发现别人经常让你把话再说一遍，那就说明你讲话可能太轻柔了。要想找出合适的音量，最好的办法就是直接询问。

小贴士 不妨在会后询问值得信赖的朋友或同事，以便确认你的音量是否合适。如果想要进行练习，可以和朋友回到同一间会议室，用不同的音量说话。当你达到合适的音量时，试着记住它带给你的感觉，这样就可以重现它。

在上一章中，我提供了一项"通过语气传达意思"的练习，内容包括用没有把握的语气和自信的语气说同一句话并进行对比。换个搭档再试一次，看看你能否始终如一地向别人传达你的意思。这项练习颇具挑战性，因为你还需要以自信的语气提问。自信的语气暗示了你对自己所说的话很有把握，所以使用这种语气来提问会更有难度。

小贴士 使用自信的语气讲话时，你说出的句子应该以明确的停顿和略有下降的声调结束。请留意你的声音会不会在句末减弱，或是像提问时一样升高。两者都会让你听起来没有把握。

流畅的语速意味着以自然的语速说话，几乎没有迟疑或结巴，但也应该存在规律地停顿。在上一章中，我讨论了如何运用停顿让自己听起来很自信。如果你需要进行更多练习，请重温该项练习。你可能已经注意到这样一件事：插入停顿会减少可以用来讲话的时间。作为补偿，请减少你要涵盖的材料，并以更简洁的方式呈现，重点放在关键要点上。减少信息量并更多地强调每个要点，是一种很好的策略，因为这样一来，听众更有可能记住你所传达的关键讯息。

试试这样做：言简意赅地阐述关键要点

把你的一次演讲变成"电梯演讲"。这意味着你必须以极其言简意赅的方式进行阐述，以便能够在与董事长同乘电梯的时间内完成演讲。为此，请采用金字塔结构来组织你的想法：金字塔顶端是演讲的主题和主要目的；向下的分支包含三四个关键要点。以上就是"电梯演讲"的要素。为确保你正确地找出了关键要点，请继续从每个关键要点创建向下的分支，以涵盖支持该要点的各种详细信息。明确了关键要点之后，想出一些比喻、故事和轶事，由此让每个要点都变得更加令人难忘。

姿势要敞开，手势要自信

摆出敞开而舒展的站姿并做出自信的手势，会让你看起来更强大。我们所追求的目标不是给人一种占据支配地位的印象，而是找到一种看起来自信而能干的中间状态。将两个极端形象化，可能会有助于我们找到这种中间状态。想象一下并排坐着的两个人：甲采用了四肢呈收缩状态的坐姿，双脚收在椅子下面，看起来比他本人更矮小；而乙采用了一条胳膊搭在椅背上、双脚大大分开的坐姿，看起来比他本人更高大。如果你把甲想象成一个胆小的女人，而把乙想象成一个傲慢的男人，脑海中的画面感可能会更加生动。换句话说，这两种姿势有性别之分，而且都不是理想的姿势。而我们的目标是介于两者中间的某种状态，既要拥有自己的空间，又要避免两个极端——这样的人既能够传达出自信的态度，而又不会盛气凌人。

> **小贴士** 舒展（和收缩）涉及肩部、头部、手臂和腿部的运动。在寻找舒展的姿势时，为了找到中间状态，请尝试一下两种极端情况：先尽可能收缩，将四肢与身体缩成一团，以便尽可能减少自己占用的空间；然后，尽可能舒展你的身体，伸展手臂、腿脚和肩膀，以便让自己填满尽可能多的空间。亲身体验过这两种极端情况之后，你就会更容易理解中间状态是什么感觉。

说明或强调你所传达信息的自信手势——使用你面前的空间表示项目的三个阶段会让你显得更强大。相比之下，坐立不安——晃动手中的笔或是胡乱翻动纸张和触摸自己——揉脸或摆弄头发等手势会让你显得没那么强大。这几类手势传达了焦虑或紧张。我的一位同事曾经向我寻求建议，因为尽管她在讲课时很有自信，但是有人告诉她，她看起来很紧张。当我在讲堂后面观察她时，我注意到她习惯于在讲话时摆弄一缕头发。她没有意识到自己有这样一个习惯，但是这个手势确实让她显得很紧张。

小贴士 不要过多地考虑应该使用哪些手势。只需让双手空出来随时可用，可以在身侧垂下，也可以在面前紧握，当你讲到某个要点时，双手就会自然而然地动起来。许多人会在与人交谈时使用各种手势，但在面对大量听众讲话时就会一下子变得很僵硬。将自然手势带到演讲中，通常会让演讲显得更自然、更有吸引力。可以对自己进行拍摄，看看你的自然手势会吸引人还是会分散注意力。也可以听取朋友的反馈，因为我们往往会对自己过于挑剔。

自信的举止是否适用于所有文化？答案既有肯定，也有否定。在大多数文化中，与权力较小的人相比，权力较大的人会进行更多的眼神交流，声音听起来更加自信，站姿也会更舒展。但是如果比较一下不同文化中的董事长，就会发现这些行为的表现方式存在差异，一些董事长会比其他董事长占用更多的空间或进行更多的眼神交流。换句话说，这些行为是普遍存在的权力信号，但它们的表现方式会因文化而异。

如果一个人并未运用自信的举止，他有没有可能很强大、很有影响力？有可能，但是这个人需要具备能够为其赢得尊重和地位的其他品质。我曾经与一位不善社交但非常受人尊敬的资深顾问一起工作。任何与他共事的人都会很快明白：他拥有令人敬畏的聪明头脑。他能够比其他人更快地触及复杂问题的核心，因此而享誉业界；客户和顾问都渴望与他合作。然而，对于很多人来说，自信的举止是其影响力的重要组成部分。

在这一点上，你可能会担心自己的非语言举止，并且想要知道周围的人对你有着怎样的印象。虽然了解别人对你的印象很重要，但是不要过于在意这件事。在听众不知道你的实际能力，或者在你需要看起来很自信的情况下，非语言举止才是最重要的。不妨先重点关注这些情况，以免给自己施加太大压力。久而久之，自信的举止就会让你觉得更自然，你也可以更加轻松自如地使用它。

> **小贴士** 与其始终非常在意自己的非语言行为，不如重点关注以下两种情况：①在给人留下第一印象时，例如在求职面试或与新同事相处时；②在进行演讲时。在第一种情况下，人们试图深入了解你的能力，这意味着他们会寻找表明你具备相关能力的信号；而在第二种情况下，你置身于聚光灯下接受人们的审视。

关于自信的举止，我还应该知道什么

自恋者往往看起来很自信

自恋者能够自然而然地表现出自信的样子，或许正因为如此，与自恋者相识时间很短的人会认为他们是领导之才，而与他们相识时间较长的人则不一定这样认为[8]。一项对零售店经理的研究发现，更自恋的经理在受聘时具有更少的经验，这证明了他们有能力给人留下良好的第一印象。但是久而久之，自恋的经理的真实本质就会逐渐显露出来：员工与自恋的经理进行的互动越多，就越不一定认为这种人的工作卓有成效[9]。换句话说，看起来很自信可能是块敲门砖，但实际能力仍然必不可少。

请保持警惕，不要因自恋者的自信举止而上当，也不要在他们并不具备相关能力的情况下假设他们有能力。在面试中更有可能犯这种错误，因为你会初次见到某人并根据很少的信息对其进行评估。如果你负责面试某人，而对方表现出了令人印象深刻的自信态度，不妨请对方举几个具体的例子来说明其取得的成就，并了解一下对方如何对待带他进来的人。如果对方用来说明自己成就的例子听起来过于夸张，难免让人心生怀疑；或者，如果对方以粗鲁或轻蔑的态度对待其他工作人员，那你就要小心了。自恋者的优越感和自我陶醉感经常体现在以下两方面：他们对自身成功的叙述，以及他们对待那些职位比自己低的人的态度。此外，他们也会对感知到的批评过于敏感，因此而变得充满戒心，有时还会在口头上咄咄逼人——责备和批评，不过这一点在面试中可能不会表现出来[10]。

> **小贴士** 如果某人凭借非常自信的态度给你留下了深刻印象，请进行深入挖掘。可以多问一些与成就有关的问题，在后续步骤中核对参考资料中的信息，以及找曾经与此人共事的人谈一谈。

过于自信可能会被视为傲慢自大

我们可以将权力放在一个量表上来看待，这个量表一端是胆小和懦弱，而另一端是傲慢和支配。正如盛气凌人的做法并不能有效地影响同事一样，傲慢自大也不是有效的影响力策略。傲慢的人往往不太讨人喜欢，也不太受人尊敬[11]。令人遗憾的是，表现出傲慢的人可能意识不到这一点，因为自信的举止与傲慢之间并非总有清楚的界限。

如果我们将傲慢和自信放在同一个量表上来看待，那么傲慢本质上就是过度自信。然而，行为是否"过度"完全取决于具体情况。在一种情境中"恰到好处"的行为，在另一种情境中可能会显得"太过分"。例如，在纽约市工作的投资银行家会采用适合其所处情境的自信举止，也许会用过于自信的语气讲话，以至于无法进一步讨论。但是，如果换一种文化背景（如在英国），或是换一个行业，同样的举止可能会显得过于自信或傲慢自大。我经常在讲座上使用这个虚构的例子，然而有一次我遇到了一位美国男士，他实际经历过这种情况。听完我的一次讲座后，他告诉我：他曾经是华尔街的投资银行家，后来搬到伦敦为一家非营利组织工作。在他的第一次绩效评估中，英国主管告诉他，他给人以傲慢的印象，这种批评让他感到惊讶和烦恼。直到听了我的讲座之后，他才明白自己为什么会遇到这种情况。

小贴士 如果你离开了竞争激烈、咄咄逼人的环境，转入了更加注重协作的环境，那么在新环境中，大家可能会认为你傲慢自大；特别是如果你在旧环境中事业有成，大家就更有可能这么认为。请听取同事的反馈以了解实际情况。如果情况确实如此，请收敛一下你的自信举止，然后听取更多反馈。特别是在你讲话和采取行动时，不要表现出把握十足的样子，请采用更具参与性的沟通方式。例如，停下来询问"你对此有何看法"。

自信的举止并非在所有情况下都会有所帮助

虽然自信的举止对于上行影响力很有帮助，但是对于某些涉及"向下"沟通（将讯息传达给权力较小的人）的人而言，自信的举止可能会有些过火。这是因为这种互动有着不同的权力机制和目的。作为董事长，让别人听取你的意见可能毫无困难，所以挑战就变成了鼓励职位较低的人直言。试想一下这样一种情况：你和一位团队成员都在收集数据，现在你们需要共同做出决策。我的研究发现，在这种情况下，自信的举止会扼杀员工的声音并可能导致糟糕的共同决策。因为董事长看起来很自信，所以员工认为董事长也很能干，于是就不太可能质疑董事长的结论或是分享会令人质疑这些结论的信息[12]。将自信的举止与开放性的信号相结合，有助于缓解这个问题。

> **小贴士** 如果你正在设法让一位团队成员直言，特别是如果你希望对方向你质疑，请将自信的举止与开放性相结合。开放性的非语言信号包括点头、在倾听时进行眼神交流，以及询问对方的想法。

除了运用自信的举止，我还应该如何影响他人

在我担任陪审员的经历中，我能够对其他陪审员施加影响，是因为运用了自信的举止和逻辑论证。非语言行为固然非常重要，但是影响力策略也很重要。接下来，我将会向你介绍一些影响力策略及其运用方式。

使用理性影响力策略和软影响力策略

影响力策略分为三类：硬策略、软策略和理性策略[13]。硬策略是基于压力的，例如发出威胁或是提及职位更高的经理的权力——比如由于员工提供的服务不到位，而要求与商店经理交谈。软策略是基于与他人的关系，例如诉诸友谊或忠诚度——比如请求朋友"念及友情"帮你一把。理性策略

是基于逻辑和信息的，例如诉诸对方的利益和推理论证——请求朋友帮助你，因为他们也会从中受益。

研究发现，理性策略是最有效的。它们不仅是最常用的策略，而且也最有可能带来理想的结果，如获得更加正面的评价和更高的薪水[14]。在工作中，你应该保持理性并合乎逻辑；即使在工作之外，理性策略也会奏效，正如我在担任陪审员时所发现的那样。当我们使用信息和逻辑来支持我们的论点时，往往最有说服力。然而，理性策略本身可能会显得比较冷漠。带着诚意将它们与软策略相结合，可以建立有助于增强影响力的人际关系[15]。试想一下，假设你被要求减少委员会成员人数。你可以向即将卸任的成员传达以下两条不同的讯息：

讯息1（理性策略）："我们要通知您，这个委员会的目标和需求有所变化，意味着委员会必须进行改组，因此不再需要您的服务了。"

讯息2（理性策略和软策略）："感谢您在这个委员会任职。您对项目的方向和质量做出了重要贡献，我们对此非常感激。很可惜，这个委员会的目标和需求现在有所变化，意味着委员会的成员必须发生变动。虽然您以后不再是委员会的成员，但是我们仍然欢迎您继续提出宝贵意见。"

虽然第一条讯息更加高效，但是它的突兀可能会导致接收者觉得自己受到了冒犯并质疑这个决定，从而导致你需要传达几条后续讯息；或者，他们可能会怨恨你，从而导致你们在未来关系紧张。花些时间来撰写更长的讯息，表达对这些人的感激之情，可以节省时间并避免损害与他们的关系。当然，较长的讯息是否有效，取决于接收者是否会真的觉得自己受到了感激，因此不要让它听起来像是缺乏诚意的套用信函。对讯息进行个性化处理通常会有所帮助，请通过具体的例子来说明你对他们或他们所作贡献的感激。当面传达信息会收到更好的效果，因为对方有机会做出回应，但是这种方式并不总是可行的。

> **小贴士** 软策略（例如表达感激之情）需要深思熟虑和使用个性化的方法。为了给人以真诚的印象，请具体说明你所感激的行为或品质。

如果由于缺乏必要的信息而无法采用更加理性、基于逻辑的方法，那么你也可以单独使用软策略。为此，你需要关注每个人和你们的关系，包括交换恩惠、诉诸友谊或赞美对方。带着诚意建立联系的方法可以增进对方的合作意愿。但是，如果你与对方关系不好，那么软策略是行不通的。在以冲突为特征的关系中，如果你试图采取友好或恭维的态度，那么这种做法很可能会失败。即使在良好的关系中，使用软策略也有可能引发对方的抵触情绪。

> **小贴士** 软策略能否成功，取决于你们现有关系的质量以及对方对你意图的看法。如果对方不喜欢你或不信任你，软策略就不太可能奏效，因为对方可能会将你的尝试解读为摆布他人和缺乏诚意。

在施加上行影响力时，硬策略通常起不到帮助作用，因为它们的特点是攻击和威胁。如果你的权力小于你试图影响的人（在对权力和影响力的研究中，我们称之为"目标"），或者双方拥有同等权力，那么试图攻击或威胁对方可能会导致对方的抵触甚至报复。要想在这种情况下使用硬策略，你需要寻求他人的帮助，可以让更多高层管理人员参与进来。任何使用硬策略的团队要想取得成功，都必须将压力和保护相结合。也就是说，它必须规模足够大、力量足够强，不仅可以迫使董事长服从，还能保护个别成员免遭报复——工会就是此类团队的一个例子。但是，请注意心理抗拒，有人会在感到压力过大时出现这种反应[16]。抗拒与抵触不同，因为表现出抗拒的人不仅会直接拒绝，还会跟你作对。试想一下，假设你去商店购物并在收银台付款。当你掏出钱时，你听到身后的人嘟囔道："快一点呀！"有些人可能非但不会快一点，还会放慢动作——这就是心理抗拒的典型例子。施加压力可能会引发抗拒，导致你的目标与你的希望背道而驰。在施加上行影响力时，运用硬策略是有风险的：你不仅有可能达不到预期的结果，还有可能损害你们的关系和你的声誉。

总而言之，当你试图影响某人时，先要采用理性策略，收集必要的数据和信息，做出令人信服的逻辑论证。如果对方没有不喜欢你或不信任你，那么添加软策略会有助于你与对方建立联系让其觉得自己受到了尊敬或感激，这可以为你的请求创造沃土，让对方更有可能考虑你的请求。如果上述策略均以失败告终，那么硬策略是最后的手段，但这种策略需要其他人的帮助。请小心谨慎，因为硬策略没有回头路，而且这种咄咄逼人的策略可能会永久性地破坏你与你试图说服的人之间的关系。

运用说服原则来说服对方

在经典著作《影响力》（ *Influence: The Psychology of Persuasion* ）一书中，心理学家罗伯特·西奥迪尼（Robert Cialdini）确定了我们可以用来影响他人的六个心理学原则[17]。这些原则与影响力策略不同，因为它们利用了人性的自然倾向，会让我们不假思索地遵从。他通过观察专业营销人员和销售人员并分析他们的策略，制定了这些原则。熟悉这些原则不仅有助于你自己运用它们，还能防止别人将它们运用在你身上——这一点也同样重要。由于这些策略具有强大的效果，因此必须带着合乎道德的积极意图来运用它们（西奥迪尼在该书中提出了这一观点）。策略本身只是工具，就像锤子一样，可以用来建造，也可以用来摧毁。

以下总结了六个说服原则及其运用方式：

1.喜好：满足自己认识和喜欢的人的愿望。通过真诚的赞美，或者通过提到你们之间的共同点，与对方建立融洽的关系。

2.互惠：以同样的方式回报他人的义务。如果你帮了别人一个忙，或者向对方提供了其想要的东西，对方会觉得自己应该予以回报。

3.权威：对处于权威地位者的尊重。通过说服对方相信你是相关问题领域的专家，或者说服对方相信你得到专家的支持，让自己看起来具有权威性。

4.稀缺：认为稀缺的东西更有价值的看法。说服对方相信自己面前有一个难得的机会，必须立即采取行动。

5.社会认同：从众的倾向。让对方看到其他人已经在行动了，并告诉对方他可能会错过良机。因为害怕错过是人之常情，又称"错失恐惧症"。

6.承诺和一致：保持言行一致的愿望。让对方自愿表达一种态度或看法，可以导致你想要的行为。例如，在向对方介绍你的健康计划建议之前，让对方说出他关心员工的身心健康。

我们经常本能地运用这些原则：当我们发现自己和董事长读过同一所大学之后，就会利用"喜好"原则来与对方建立更牢固的融洽关系。当我们通过引用专家的话来支持一项主张时，我们是在下意识地运用"权威"原则。虽然这些原则相当简单直白，但是"互惠"和"承诺和一致"需要多做一些解释。

西奥迪尼提出，互惠是人类普遍存在的倾向。但是，人类在这方面也存在着个体差异，心理学家亚当·格兰特（Adam Grant）提出的分类法可以描述这些差异，该分类法将人分为三种类型：给予者、索取者和匹配者[18]。如果你去一位朋友家吃饭并带了一瓶酒，然后邀请同一位朋友来你家吃饭，那么你得到的回礼可能会因对方的个性而异。给予者可能会带来两瓶酒，匹配者可能会带来一瓶与你之前带去的那瓶酒价值相同的酒，而索取者可能会空手而来并希望你不会注意到这一点。换句话说，如果你帮了某人一个忙，并且希望对方以后会回报这个恩惠，那么请确保这个人是给予者或匹配者，而不是索取者。心理学原理所产生的具体影响往往因人而异。人们的个性千差万别，这使得影响他人成了一项复杂而艰巨的任务。

"承诺和一致"原则曾经被一位来到我家门口的英国红十字会筹款人运用在我身上。我正要拒绝他时，他说："等等，我想问你一个问题。"然后我们进行了以下对话：

筹款人：你在上学时学过急救吗？

我：是的，我学过。

筹款人：你觉得有用吗？

我：是的，非常有用。直到现在，我仍然会用到当年学过的一些东西。

筹款人：您认为孩子们应该在学校学习急救吗？

我：是的，当然应该学习。

筹款人：那么，请支持一下我们为了在学校进行急救教学而做出的努力吧。

那一刻，我被打动了。他不禁让我想起了我对于在学校学习急救这件事的感激之情，而且他采用了如此友好的方式，也让我对他产生了喜好。为了与我陈述过的观点保持一致，也因为对他有喜好，我最终捐了款。

最后，我想分享一个例子，介绍一下我在咨询公司担任培训经理时，如何在一条精心编写的讯息中运用了这些原则。在这个例子中，我请求我的董事长增加下一年的培训预算。我标出了我在这条讯息中运用的每一个说服原则：

"还记得吗？客户去年抱怨过我们的顾问不懂如何解读公司财务数据，而您表示会致力于确保这个问题得到解决。嗯，我找到了一家新的培训供应商，可以解决这个问题（承诺和一致）。我们最大的竞争对手之一也选用了这家供应商，而且我也从其他咨询公司那里听到了对他们的积极反馈（社会认同）。如果我们想要选用它们，就需要尽快预订，因为他们非常受欢迎（稀缺）。但是，如您所料，对于更优质的供应商，我们需要支付更多费用。我可以削减社交活动的开支来帮助补偿这笔费用（互惠），这样一来，我们明年的年度培训预算总体上会增加10%左右。请告诉我，您对此怎么看。"

> **小贴士** 在制定影响力策略时，请查看六个说服原则，看看哪些原则可能与你遇到的情况最相关。通过与朋友进行角色扮演并听取他们的反馈，可以对你的策略进行充分检验。

要想拥有自己的空间，你需要展现自信的举止并采取最合适的影响力策略。这些都是需要练习的，正如我们在玛丽身上看到的，把与朋友一起进行角色扮演作为一种练习和听取反馈的方法，可能会很有帮助。然而，这只是增强影响力的第一步。非语言信号和影响力策略都是工具。如果你没有足够的力量来运用这些工具，那么它们就毫无用处。本书的下一篇将会重点介绍为了有效运用这些影响工具并产生真正的影响力，你需要具备什么样的"肌肉"或内在力量。

第二部分

内在自我

如今，其他人眼中的我是一个自信的中年妇女，对于在满是陌生人的房间里演讲这种事情，我不会畏畏缩缩。但很少有人会猜到，我在十几岁时非常害羞，以至于上课时大部分时间都躲在书本后面，而老师总会催促我在课堂上发言。初入职场时，我经常在会议上一言不发——不是因为无话可说，而是因为我没有勇气说出来。当我突然有了想法时，我不会参与到讨论中，而是会等待谈话出现间歇，但是这种间歇从未出现过。我等待的时间越长，对于发言就感到越紧张。时机一过，我的想法就不再与讨论相关了。如今，我会毫不犹豫地在会议上发言，如果突然有了一个相关的想法，我就会参与到讨论中。有时候，我甚至会成为会议上最有影响力的人之一。

从表面上看，我似乎只是随着年龄的增长而变得更加自信，但赋予我内在力量的不仅仅是年岁渐长这一事实。确切地讲，正是随着时间推移而积累的经验、挑战甚至失败，造就了今天的我。虽然每个人的人生旅程都是独一无二的，但是有一些共性可以帮助我们所有人培养内在力量，从而增强我们的影响力。在本章中，我将与你分享一些曾经帮助我培养内在力量的要素。

我所说的内在力量是指什么呢？一部分是让我们有勇气把话说出来的情感和精神力量，比如自信和韧性。一部分是个人声誉——它提供了一个平台，让我们有底气把话说出来，也称为权力基础。这两个部分都可以有意识地培养，但需要投入时间。前几章中介绍的影响力策略可以相对快速地学习和运用，但是内在力量的培养和它们不同——就像锻炼肌肉一样，培养内在力量需要在一段时间内坚持不懈地努力。如果你没有投入时间来锻炼这些肌肉，那么当你需要使用它们时，就会无能为力。

下面，我要讨论一下你可以为自己构建的权力基础或平台，它可以确保让别人听取你的意见。然后，我会提供一些可以帮你找到勇气的小贴士，以便你能够大胆运用这一平台。

如何才能让别人注意到你并听到你

马克的董事长在团队会议上宣布：为了省钱，她将会取消部门的年会。她刚一说完，马克就担心这样做会大错特错。他在效力于前公司期间已经看到了此类活动的重要性，他也怀疑这种成本节省与此类举措可能造成的员工不满相比，会得不偿失。但是他也知道，他的董事长不太可能重视他——他是初来乍到的新人，而且此前还在工作中犯了几个错误。他的同事瑞秋已经在该公司工作了很长时间，备受大家尊敬。因此，马克邀请瑞秋共进午餐，并说出了他对董事长计划的担忧。瑞秋同意马克的看法，并表示她会向董事长提出这些担忧。

如果你试图对某个特定的人施加影响，那么在决定你成功与否的因素中，你与此人的关系会发挥重要作用。这似乎是显而易见的，但许多人在一心想要提出某个特定的观点时却会忽略这一点。对他们来说，他们要传达的讯息是如此合乎逻辑、显而易见或至关重要，以至于它可以取代人们对于讯息传达者的看法。然而，这种想法是一厢情愿的。影响力是一种人际交往过程，而"人际"这个词归根到底离不开"人"。马克知道自己对董事长还没有任何权力可言。向瑞秋寻求帮助是有效的短期解决方案，但是马克现在需要重点关注如何构建自己的权力基础，以便有朝一日可以亲自找董事长谈谈。

1959年，社会心理学家约翰·弗伦奇（John French）和伯特伦·雷文（Bertram Raven）提出了一种影响力模型，它由五个社会权力基础组成，包括强制性权力、奖赏性权力、合法性权力、参照性权力和专家性权力[1]。这五个权力基础已成为当今社会心理学家使用最广泛的权力模型之一。你可能很想知道为什么这个问世于 1959 年的模型在今天仍然被认为是切实相关的。这是因为人类心理学的基本原理多年来没有太大变化，就像人类生理学没有太大变化一样。我们仍然需要食物和水来维持生命，尽管现代生活已经让我们的热量需求和生理需求有所改变。同样，权力的来源也保持不变，尽管它们的应用方式因具体情境而有所改变。该模型可以并且已经应用于任何情境：家庭、学校、职场等。接下来，我要介绍一下五个权力基础，并重点介绍其中与上行影响力最相关的两个：参照性权力和专家性权力。

强制性权力：引起对惩罚威胁的恐惧

如果瑞秋想要使用强制性权力来说服董事长不要取消年会，那么她会用惩罚或报复来威胁董事长。惩罚可以包括对方害怕的任何事情，从个人拒绝到罢工。如果你觉得瑞秋以这种方式威胁董事长是可笑的荒谬之举，那么你其实明白强制性权力对于上行影响力不太管用。在对方权力比你大的情况下，你不太可能使用能让对方真正害怕的任何惩罚手段。即使你确实可以使用这些惩罚手段，这也是一种很可能会破坏你们之间关系的硬策略，只能把它当作最终万不得已时的手段，并且只有在实际情况确实需要如此激进的策略时才使用（试图挽救年会可能不算是此类情况）。

奖赏性权力：通过提供对方想要的奖赏来获得服从

如果瑞秋想要使用奖赏性权力，那么她必须掌控着董事长想要得到但在其他地方无法获得的某种东西。奖赏可以包括对方期待的内容，例如口头表扬、奖金等。也许瑞秋负责管理娱乐预算，可以批准董事长提出的额外经费申请。这类似于西奥迪尼提出的互惠原则，因为如果董事长听从瑞秋的要求，她会提供某种东西来回报董事长。但是，这意味着比简单地提供交换更强大的权力来源——她必须掌控着董事长非常想要得到但又无法通过其他方式获得的东西。在我们权力比对方小的情况下，我们不太可能拥有这种程度的掌控力，因此奖赏性权力并不总是与上行影响力密切相关。

合法性权力：履行服从权威的义务

合法性权力要求瑞秋拥有某种权力，而她的董事长觉得自己有义务遵守这种权力。这不包括知识或专长带来的权威，即专家性权力。恰恰相反，它是正式职位带来的权力，例如成为预算负责人或审计师。显然，在大多数需要施加上行影响力的情况下，我们都难以使用它。

强制性权力、奖赏性权力和合法性权力通常与权力地位相关联，但是上行影响力意味着相对于我们试图影响的人而言，我们并不处于权力地位。要想施加上行影响力，更加明智的做法是重点着力于与地位无关、每个人都可以使用的两个权力基础——参照性权力和专家性权力。

参照性权力[2]：保持良好的关系

瑞秋要想拥有参照性权力，就需要历时多年与董事长建立良好的工作关系，达到董事长想要保持这种良好关系的程度。事实上，这正是马克选择向瑞秋寻求帮助的原因：他注意到董事长似乎会听取瑞秋的意见并相信她的判断，会把关键的项目交给她。瑞秋也注意到了这一点，这也是她同意将马克的担忧传达给董事长的原因。她知道，如果她提出这个问题，董事长会听进去她说的话并认真考虑。

> **小贴士** 当你打算尝试施加上行影响力时，请想一想你可能会接触的不同影响目标，并评估一下你对每个目标的参照性权力。每个人对你的喜欢、钦佩或尊重达到了怎样的程度？你是否和他们之中的任何一个人关系特别好？如果有的话，比较明智的做法可能是从这个人开始进行尝试。

参照性权力可能听起来类似于西奥迪尼提出的喜好原则，但西奥迪尼的原则是一种短期策略，而参照性权力是一项长期战略，意味着更强大的吸引力。拥有参照性权力的人可能会被视为榜样，甚至可能会受到崇拜。就瑞秋而言，董事长可能会觉得瑞秋是她共事过的最能干的人之一，或者是她遇到的最值得信赖的人之一。参照性权力是基于个人品质的，而这些品质对不同的人可能会有不同的吸引力。例如，有一位中国女士将我视为女性榜样，那么我对她的参照性权力可能会比对一位欧洲男士的参照性权力更大。但是，这些关系会随着时间推移而发生变化。如果我与那位欧洲男士更密切地合作，而且我们还发现，我们有着共同的兴趣和观点，那么我对他的参照性权力可能会有所增加。除了相似，其他个人品质也可以提升参照性权力，例如满怀热情的工作态度、善于合作的行事风格、诚实、正直、可靠和友善。由于对权力的看法因人而异，尤其是在涉及个人品质的情况下，因此你先需要了解你的目标，然后才能评估或提升你的参照性权力。尽管在大多数情况下，人们一定会看重正直、诚实和可靠等品质。

> **小贴士** 由于参照性权力是一种长期策略，因此请投入时间与周围的人建立良好的工作关系。除了做个可靠且值得

信赖的人，如果你试图对董事长建立参照性权力，请设法为他的生活带来更多便利。预测董事长的需求，周全地考虑你正在处理的问题，并给出建议或解决方案。

久而久之，你的参照性权力可能会享誉整个组织或社区。如果大家对你带给他们的良好共事体验有口皆碑，你就会更有可能受邀加入委员会或是被委以重任，从而能够提高存在感并接触已有的关系网之外的人。由此一来，你就有机会与一群不熟的人建立关系，而如果你对他们建立了参照性权力，你在组织或社区中的权力就会增加。但是，就像锻炼肌肉一样，要想加强参照性权力，就必须采取一以贯之的做法。

小贴士 要小心行事，不要轻易试图对人耍花招，因为这可能会适得其反。我曾经教授过一门谈判课程，班上有两位学员是业务伙伴，他们吹嘘了自己通过施加压力使别人让步的"有人唱红脸，有人唱白脸"的策略。其中一个会大喊大叫并提出极端的要求，然后冲出房间，而另一个人会留下来向吓了一跳的对方人员道歉，并强烈建议对方人员做出妥协。他们对自己的策略洋洋得意，但是当我和我的合作教师在互联网上搜索他们的名字时，我们发现有多个讨论板警告人们提防他们和他们的策略。如果你想要建立真正的参照性权力，请以尊重的态度诚信待人。

需要明确的是，参照性权力并不需要对所有请求或邀请来者不拒。应该重点关注那些对组织很重要的活动，以及能够推动你的职业发展的活动。

小贴士 如果你收到了许多需要你付出时间的请求，请问问自己承担新任务是否会推动你的职业发展。蛮干未必会让你受益，因为你可能会把时间花在其他谁也不想做的低价值活动上。如果你对某项任务没把握，请与朋友或导师好好讨论一下。如果能够开诚布公地与董事长谈谈你想要在五年后达到的目标，并就如何实现该目标征求董事长的建议，那就更好了。根据此类讨论的情况，你应该会更清楚地了解自己需要承担哪些类型的任务，以及需要婉拒哪些类型的任务。

学习如何以彬彬有礼、尊重他人的方式说"不"，是一项重要的技能，甚至可以提升你的参照性权力。大家愿意与我共事，部分原因在于：我会迅速而礼貌地做出回应，即使在拒绝别人的请求时也是如此。一位同事曾经告诉我，有人问她我是否有空参加一个活动，而她回答道："为什么不直接给康森发电子邮件呢？如果她不感兴趣或者没空，她就会立即告诉你。"如果大家认为我是一个迟迟不回复、回答不清楚或是答应之后不能坚持到底的人，那么大家很快就会不再邀请我了。

小贴士 对请求说"不"时，请尝试提供替代方案——也许你有一位同事可以帮助对方，或者你知道某个网站或某篇文章可以解答对方的问题。与其解释为什么你爱莫能助（这往往听起来像是托词），不如致力于帮助他们解决问题。有时候，我会给出一个不需要我花那么多时间的替代方案，例如主动提供有关研习课程设计的建议，而不是亲自主持研习课程。但是有时候，在无法提供任何替代方案的情况下，我干脆直接道歉并告诉对方我没空。

专家性权力：展示知识和专长

参照性权力需要花时间来与他人建立关系，而专家性权力则需要花时间来培养受到对方尊重的专长。如果瑞秋想要使用专家性权力来说服董事长不要取消年会，那么她需要具备董事长所器重的专长。也许她是一位专家级经理，提高了团队的积极性和绩效。或者，也许她是一位为公司省了钱的财务高手。即使她的专长与该问题没有直接关系，但是她的知识和技能让她受到钦佩和尊重，这一事实使得她的意见值得倾听。

专家性权力取决于你的资质、经验和能力。比如，你可能会由于拥有在多个行业或是在组织内多个不同部门工作的经历而受到尊重。随着时间的推移，实际成就和表现也会为专家性权力加码。在我来到伦敦政治经济学院后的头几年里，凭借学生评价和教学奖项，我成了小有名气的教师。因此，我引起了领导的注意并受邀加入战略计划工作组。我显然是工作组中资历最浅的学者，然而我的意见却受到了重视，并且被大家听进去了。我拥有这样的专家性权力，不仅仅因为我是一名出色的教师，还因为我是一名全能型教师兼管理人员。我能够为不同群体（如本科生、研究生和企业高管）授课。

> **小贴士** 通过培养与你的职业密切相关但又罕见而宝贵的技能，来建立你的专家性权力。致力于在工作中做到最好，要发挥自己的优势，而不要单凭热情做事。通常情况下，随着你的技能越来越熟练，你也会越来越享受自己所做的事情。事实上，一些研究人员发现，能力和精通程度可以催生出热情，反之则不然[3]。

如果你的表现达到这种水准，你就会引起注意，而专家性权力的"光环"效应会让人们听进去你所说的话。也就是说，人们会听取你对一系列主题的看法，而不仅仅是你的专长主题。但是，要想让表现达到这种水准，就需要付出努力并投入时间。正如乔治城大学计算机科学副教授卡尔·纽波特（Cal Newport）在其著作《优秀到不能被忽视》（*So Good They Can't Ignore You*）中所建议的那样，与其根据效率设定目标，不如注意一下你所做的事情是容易还是困难。有压力是好事，因为这意味着你在鞭策自己。没有压力，就没有发展。但不要将这种压力与工作过劳的压力相混淆，后者对你没有帮助。压力对你的大脑和能力提出了挑战，你在学习新语言或新技能时会有这样的感觉。这种压力不宜持续太久，并且必须与比较简单的任务糅合在一起，但是它会让你的精通程度更上一层楼。物理学家理查德·费曼（Richard Feynman）被认为是其专业领域的天才，而实际上，他付出了巨大努力。他会挑战自我，设法以自下而上的方式理解重要的研究论文和数学概念，花费数小时将它们分解拆散，直到他能够自己重构它们为止[4]。

小贴士 如果你想要发展专家性权力，请从事对你的能力提出挑战的任务。将自己推到舒适区的边缘，然后走出舒

适区。当我第一次受邀授课时，我一想到这件事就会感到害怕。这个班上的学员大多是伦敦政治经济学院的学生，我不知道他们是否愿意接受我所说的话。但是，我知道这有助于我培养自己的教学技能，而且越是经常这样做，就越能减少我的紧张。

当然，只有在别人知道你的表现和成就的情况下，优异的表现才会赋予你专业性权力。如果别人不知道这些，你最后可能会像梅丽一样——她承担了多项旨在为组织提供支持的额外职责，让自己筋疲力尽，结果却在晋升中落空。她由于自己完成的额外工作没得到认可而感到很生气，为此去找首席执行官，而首席执行官一脸惊讶地看着她说："我从来不知道你在做这些事情啊。"5

小贴士　要想让额外的工作和成就给你带来好处，就一定要让你想要影响的人知道它们。有一种策略是找到一位"互吹搭档"：此人可以与你达成共识，让董事长和同事知道你们彼此的成就。当你吹捧别人的成就时，你看起来像个好同事，还可以帮助那个人避免显得傲慢自大或夸夸其谈。你可以在和别人聊天时随口说出来"嗨，你听说……了吗"，也可以在给那个人发送电子邮件表示祝贺

> 时抄送其主管。在我担任课程主管期间，我给那些在与我
> 所负责的课程有关的工作中表现格外出色的老师发送了感
> 谢电子邮件，并抄送了系主任。

参照性权力与专家性权力相辅相成，因为如果你是一位有口皆碑的好同事，那么得益于这种声誉，你可能会受邀加入不同的委员会和项目。如果你表现出色，那么大家会知道你不仅可以带给他们良好的共事体验，而且知识渊博且能力过硬，你会因此而享誉整个组织，并建立你的专家性权力。此外，非语言信号（听起来和看起来很自信，如第2章所述）也在建立专家性权力的过程中发挥着至关重要的作用，因为表现出自信有助于塑造有能力的形象。

对于那些未必符合关于领导者的传统观念或既定观念的人来说，专家性权力尤为重要。专家性权力和参照性权力的培养或许可以解释为什么成功的女性 CEO 往往是在同一家公司工作了大约13年的内部人员，而成功的男性 CEO 能够以外来人员的身份加入[6]。女性 CEO 需要随着时间的推移建立强大的个人权力基础，这样才能成功影响高层管理团队中的其他成员。

信任是行使社会权力所必需的

信任在任何类型的上行影响力中都是一项基本要素。如果对方不信任你，为什么要按照你的要求行事？也许是出于畏惧，但对于权力更大的人来说，这是冒险之举，并且必定会损害你们的关系。欧洲工商管理学院教授奥拉西奥·法尔考（Horacio Falcao）梳理了信任的多个维度[7]。如果你试图确定你可能会对某人产生多大的影响，请问问自己以下问题，以确定对方对你的信任程度：

● 能力：我是否向对方展示了出色完成工作的能力？

● 诚实：我是否以诚实的方式对待对方？

● 可靠性：我是否兑现了我对对方的承诺？

● 亲密度：我是否向对方敞开了心扉？

● 关心对方：我是否表现出了对对方的关心？

请通过这五个问题来找出你们关系中的信任"痛点"都有哪些，并努力在这些方面建立信任。大多数关系并不需要集齐信任的所有五个维度，但是你拥有的维度越多，你们的关系就越牢固——你的上行影响力就越有效。在能力、诚实和关心对方这三个方面，如果你表现良好并以开诚布公、有同理心的方式进行沟通，那么就能收到立竿见影的效果。而可靠性需要花更长的时间来建立，因为它必须经过时间的考验才能得到证明。

亲密度可能看似与工作关系无关，但实际上确实有关。它是指由于适当透露相关个人信息而导致的脆弱感。例如，我父亲去世后，我不得不取消一周的所有课程并飞往美国。我没有要求项目办公室发送一封电子邮件来告诉学生我遇到了"家庭紧急情况"，而是决定亲自撰写并发送这封电子邮件。我告诉学生们，由于我父亲因胰腺癌去世，我不得不飞往美国，然后解释了我们为课程所做的其他安排。学生们很赞赏我的坦率态度，他们中的许多人给我发来了感人的吊唁电子邮件和卡片。当然，在确定适用于某个工作环境的坦率程度时，你需要运用良好的判断力。如果带着敏感性和良好的判断力来处理这方面的问题，亲密度就能增强你们的关系。

建立信任关系需要时间。你需要投入时间和精力来培养信誉，成为一个别人眼中聪明、能干且值得信赖的楷模。然后，当你需要施加上行影响力时，你的信誉"肌肉"就会帮助你产生强大的影响力。

如何才能鼓起勇气说出来？

建立权力基础的目的是可以为你提供一个平台来让别人听到你的声音，但是如何才能鼓起勇气使用这个平台呢？接下来，我要提供五种策略，将它们结合起来运用可以帮助你增强内在力量，让你有勇气把话说出来。这些策略包括管理消极情绪、改变对待失败的态度、刻意练习、增强自信以及产生积极情绪。

不要因消极情绪而脱离正轨

在我年轻时，我沉默往往是因为害怕：害怕看起来很蠢、害怕冒犯别人、害怕遭到报复、害怕浪费别人的时间以及害怕引起别人的注意。有时候，我也会由于觉得无能为力或徒劳无益而沉默。换句话说，是消极情绪导致我无法说出来。还有一些消极情绪，例如愤怒，可能会产生相反的效果，促使我们采取行动并对变化施加影响。但是，不加克制的愤怒会导致我们失去洞察力、反应过度，或是引起对方的反感而不是赢得对方的支持。要想成功施加上行影响力，我们就必须学会管理消极情绪。

这并不是说消极情绪都是坏事。事实上，它们是非常重要的信号，可以告诉我们出了问题。当我们有动力说出某事时，通常是因为某事让我们感到不安。挑战在于要留意消极情绪，但不要让它们干扰我们做出有效反应的能力。心理学家金·格拉茨（Kim Gratz）和丽莎白·罗默（Lizabeth Roemer）设计出了一种衡量标准，用于衡量一个人可以在多大程度上有效管理自己的消极情绪[8]。该衡量标准包括六个维度：

- 意识：我可以在多大程度上关注自己的感受？当我感到烦恼时，我会承认自己的感受吗？
- 明确：我能确定自己的感受吗？我能理解自己的感受吗？
- 接纳：当我感到烦恼时，我能接纳自己的情绪吗？或者，我会不会因为这种感觉而感到羞愧或无力？
- 冲动：当我感到烦恼时，我会不会难以控制自己的行为？
- 目标：当我感到烦恼时，我会不会难以完成工作，或者去想其他事情？
- 策略：当我感到烦恼时，我能找到让自己感觉好一些的方法吗？

正如你可以从六个维度推断出的那样，管理消极情绪的关键不在于忽视或扼杀它们，而是在于意识到它们、接纳它们并制定出让自己感觉好一些的策略，例如和朋友聊一聊，或是写写日记。如果忽略或抑制消极情绪，就会降低我们体验积极情绪的能力，或是增加对消极情绪甚至抑郁情绪的执念[9]。与此同时，控制冲动行为——说了或做了之后会后悔的事情并对我们的目标保持专注也很重要。

小贴士　当你感到烦恼时，要承认并接纳这种情绪："我感到好沮丧！"同时控制任何冲动行事的欲望，深呼吸并默数到十。可以转而做一些能让你感觉更好的事情：给朋友打电话、写日记、散步、听音乐，或者以第三人称自言自语："为什么康森如此烦恼？"，并像对待朋友一样给自己建议——这不仅可以让你远离消极情绪，还有助于更清楚地思考该怎么做。这可能会让你感觉怪怪的，但似乎很有帮助。[10]消极情绪可能会让你认识到有必要采取行动，从而对你有所帮助，但是只有在你冷静下来并进行思考之后，才能做出最明智的行动决策。

试试这样做：运用意识和接纳来处理消极情绪

当某人或某事让你感到烦恼时，要控制住反击的冲动，转而留意自己内心的波澜。你感觉如何：沮丧？愤怒？绝望？要意识到情绪只不过是能量而已，并给这团能量留出一片空间。

不妨想象一下，假设你有一道无形的边界，也就是"自我"，而这道边界具有灵活性。如果你收缩这道边界，情绪能量就失去了空间，于是必须通过冲动的行动或言语由内而外爆发出来。如果你扩展了这道边界，那么情绪能量就会变成你自身的一小部分，而你的其余部分可以保持不受干扰的状态。要让自己变得比情绪"更大"。要留意情绪，但不要让它左右自己。

还有一种方式，是通过我的一位治疗师朋友创造的一个比喻来看待消极情绪[11]。他说，不妨将你的内在自我想象成一名幼儿园老师，负责看管内心的许多孩子。当其中一个孩子——愤怒的自我或是沮丧的自我发脾气时，老师——成熟的自我要带着关爱和接纳的态度拥抱那个孩子。这样一来，孩子最终会平静下来。如果老师责骂孩子或将其推开，或者，如果孩子觉得受到了评判，那么孩子只会更加沮丧。

消极情绪是以能量的形式提供给我们信息。有时候，这些信息指向我们内心的某种东西——不安全感或是恐惧。在这种情况下，我们需要对自己共情。有时候，这些信息指向我们所处环境中需要改变的某种东西。如何是这样的话，我们可能需要施加上行影响力。等到这种能量消散之后，我们就可以理解我们所收到的信息，并想清楚该如何根据这些信息采取行动。

除了承认和接纳消极情绪，培养正念也会对我们有所帮助。正念最初由马萨诸塞大学医学院的乔·卡巴金（Jon

Kabat-Zinn）引入心理学。他的正念减压（MBSR）计划如今被治疗师广泛采用，其有效性已经被研究人员所证明。接受正念训练可以提高我们对自己情绪的认识和接纳程度，也可以降低大脑中产生情绪部分的反应性[12]。换句话说，加强正念能让我们不那么容易产生如此强烈的情绪反应。

试试这样做：通过正念，让自己的反应平静下来

尝试进行正念练习的最佳时间是一觉醒来后，在开始一天的活动之前，或是就寝之前，在一天的活动结束之后。它不需要太多时间，对我来说，10 分钟足够，但必须确保自己在这段时间内不受打扰。

1.找个舒服的地方以半盘腿的姿势坐下，即一条腿放在另一条腿前面，而不是两条腿相互交叠。我喜欢坐在床上或床边的地板上。

2.将双手放在膝盖上，掌心向上，一只手的手指放在另一只手的手指上。

3.身体坐直，目视前方，然后轻轻闭上眼睛。如果你的身体垂下来，请缓慢而有意识地伸直身体。

4.专注于你的鼻孔和进出鼻孔的呼吸。将你的思绪注入呼吸中，想着"吸气""呼气"。如果有其他思绪进入你的脑海，就让它们像云一样飘走。如果走神了，就让思绪回到呼吸上。

5.如果身体的感觉让你分心，不妨默念它们的名字："痛，痛，痛"或"痒，痒，痒"，直到它们消失，然后可以将注意力重新转移到呼吸上。

一开始，你可以每周进行 3 次正念练习。如果可以的话，逐渐将频率增加到每天1次。你甚至可以将时间延长到1小时，但是这比大多数人愿意投入的时间都要多。不过，即使像我一样每天练习 10 分钟，久而久之，你应该也会注意到自己的心境和反应变得平静下来。

坚持不懈，将失败视为学习机会

有时候，在我们试图施加上行影响力时，失败是意料之中的事情。例如，虽然知道委员会不太可能接受这个提案，但我们还是想试一试。然而，如果我们试图说服别人相信某个问题显而易见的解决方案，或是说服别人相信某个显而易见的问题需要解决，但在尝试这种几乎无须说服的事情时却以失败告终，那么这种失败会使我们质疑自己影响他人的能力。我在上大学时曾试图说服父母让我自己作决定，而当父母拒绝了我的提议时，我毫无思想准备。我对拒绝的反应是彻底放弃，再也不去试图影响他们。那时的我断定：如果无法让他们相信如此显而易见的正确事情，那就根本无法让他们相信任何事情了。

而今，我意识到，那时的我陷入了"固定型思维"的陷阱：认为我们的能力和性格在出生时就固定不变了。"固定型思维"将失败解释为对"我们是谁"的反应。我无法说服我的父母，因此我认为自己是一个失败的影响者，再试一次也毫无意义。"固定型思维"的替代品是"成长型思维"：相信能力是努力工作的结果。心理学家卡罗尔·德韦克（Carol Dweck）在她对儿童的研究中发现了这两种思维。遇到困难的谜题时，一些孩子在尝试几次都不成功之后就放弃了，因为失败意味着"我是个失败者"，而另一些孩子则有动力继续尝试，因为失败意味着"我学到的东西还不够"。在"成长型思维"下，失败被视为学习机会，而不是创伤事件[13]。如果拥有"成长型思维"模式，就可以进行乐观的自我对话，这种乐观的内心声音不仅使人愿意在逆境中坚持下去，而且可以激励他们寻求新的挑战，从而最终增强自己的内在力量和韧性[14]。

> **小贴士** 为了提高你的上行影响力，可以通过将失败视为学习机会来培养"成长型思维"。如果在经历一次失败的尝试之后，你发现自己觉得"我是个失败者"，请让这个念头停下来，并用"我仍然在学习"的念头取而代之。

每一次失败都是一份礼物，给了你成长的机会。如果你对于应该从失败中学到的东西没有把握，可以思考一下，将其写在日常日记中，或是与朋友或辅导员谈一谈。教训可能不会马上显现出来。就我经历过的一些最惨痛的失败而言，我花了几年时间才从痛苦中走出来，这才能够看清它带给我的教训。但是，你越是将每次失败都作为一次学习机会来笑纳，就越不害怕失败。你越不害怕失败，就越愿意挑战自己。

小贴士 花些时间来反思成功和失败的上行影响力尝试，从中吸取经验教训。寻找新的机会来尝试施加上行影响力并增强你的韧性。

再试一次——但要刻意为之并变换策略

为了增强韧性，不要只是一次又一次地尝试同样的事情。心理学家安德斯·埃里克森（Anders Ericsson）发现，奥运会选手和世界一流音乐家等表现出色的人会进行"刻意练习"，而不仅仅是简单地重复[15]。也就是说，他们会对自己试图学习的技能进行分析，以便了解和确定哪些部分是自己的弱点，然后努力练习这些特定的部分。音乐家如果发现自己有一组特定和弦磕磕绊绊，就会在接下来的几次练习中只练这些和弦，直到能够轻松流畅地将它们奏出为止。

> **小贴士** 试着确定上行影响力的哪些要素是你的弱点。你是否听起来很犹豫？你是否看起来对自己很没把握？你的开场白是否软弱无力？你是否难以建立融洽关系？你是否无法快速想到该如何回应别人的担忧？再次尝试施加上行影响力之前，请先下一番功夫来处理这些特定要素。

不要只是变得更好，要变得更有创意。要想出不止一种实现同一目标的方法。这样一来，如果第一个策略不起作用，你还有备用方案。正如埃里克森所解释的那样，为了提高一项技能，"解决方案通常不是'更努力地进行尝试'，而是'采用不同方法进行尝试'"。[16]

> **小贴士** 如果第一次尝试没有效果，请调整一下策略。与其用头撞墙，不如想办法翻过那堵墙。如果你每次走进领导办公室时都慌里慌张，不妨邀请领导在办公室外面喝杯咖啡，这样你可能会比较放松。如果领导第一次听到你的想法时似乎不感兴趣，请找出他的兴趣点和关注点，以便重新思考和重新构想。

由内而外增强信心

在演讲技巧培训中，我们经常被告知要"假装你行，直到你真的能行"。换句话说，让外表看起来自信，最终就会发自内心地感到自信。但是这一过程可能需要数年时间，而那些特别缺乏自信的人可能还没发生任何改变就早早放弃了。由于权力的差异，施加上行影响力可能会让我们摇摇欲坠的自信心面临更大的挑战。事实上，加利福尼亚大学伯克利分校的心理学家达赫·凯尔特纳（Dacher Keltner）及其同事发现，对权力差异的意识会影响双方的行为和情绪。权力较小的人往往会感到压抑、事后怀疑自己的行为、担心让对方不高兴。权力较大的人往往会感到不受约束、行事更加随意，以及只关注自己想要的东西，而不关注它可能会对他人有何影响[17]。较大权力所带来的去抑制或许可以解释为什么有些董事长会滥用职权，而较小权力所带来的抑制或许可以解释为什么一些员工不愿直言不讳。

> **小贴士** 在施加上行影响力时，要尽量避免考虑你和对方之间的权力差异。请转而考虑你们的关系："这是我的董事长"，提醒自己注意对方在帮助你实现目标方面的作用："这个人可以实施我要提议的政策"。要专注于你的目标，以避免考虑权力差异并受其抑制。

当心理学家对权力和影响力进行实验时，他们需要让研究参与者立即感到自己拥有较大或较小的权力。比较广泛采用的方法是进行一次简短的十分钟写作练习，要求参与者描述一次他们对他人拥有权力的经历，例如，对于他人能否获得其想要的东西拥有控制权，或是他人对自己拥有同样权力的经历[18]。花十分钟时间来写出这样的经历，就足以引发对较大或较小权力的感觉，继而影响参与者随后的行为，例如权力较大的参与者从共享的盘子里取走更多曲奇，或是在实验中主动移动一台产生了噪声的电风扇。参加写作练习的参与者在那之后也声称自己感受到了更多掌控力、乐观和自信。

在写作练习的帮助下，参与者在模拟求职面试和模拟商学院入学面试中发挥出了更好的表现[19]。评委更有可能录用那些练习的参与者，因为他们表现出了更多的自信。他们在15分钟的模拟入学面试中也更加成功。

试试这样做：通过回忆过去的经历来增强信心

拿一张纸，设置一个计时器，花十分钟回忆并写下让你感到自己拥有权力或控制力的一次事件。比如你选择了所有人都很喜欢的聚会场所，或者你对服务提出投诉并收到了道歉，或者你更改了一个工作流程，从而提高了效率。写下事件的细节以及它带给你的感受。

对你的工作和生活进行控制，哪怕是在很小的方面这样做，也会有助于培养你的个人权力感。每天回想这些事件，可以放大它们对你的权力感和自信感的影响。

要想暂时增强信心，不妨尝试"高能量姿势"。心理学家埃米·卡迪（Amy Cuddy）在其2012年的TED演讲中推广了这一理念[20]。该视频的播放量超过5000万次，也由于其他研究人员无法复制所有原始结果而引发了批评和争议。此次TED演讲基于心理学家达娜·卡尼（Dana Carney）、埃米·卡迪和安迪·叶（Andy Yap）进行的研究，他们在这项研究中发现，保持"高能量姿势"——双腿分开站立摆出"A"字形，双手放在臀部或是举过头顶共计两分钟，可以降低压力增强冒险精神和权力感[21]。随后的研究无法重现激素水平的变化，但确实重现了参与者权力感的增强[22]。

不仅如此，对于一些在五分钟求职面试演说中详细说明自己与心仪工作对口的优势和资质的参与者，高能量姿势也让其他人的看法有所改观。多位评委在不知道参与者是否事先摆出过权力姿势的情况下观看了演说录像资料，发现有一半的参与者更容易被录用，因为他们的演说显然更引人入胜，传达了更加饱满的信心和热情。正如你可能已经猜到的那样，他们正是事先摆出过权力姿势的人[23]。权力姿势似乎具有与写作练习相似的效果。它并未影响任何具体的东西，例如参与者在演说过程中的姿势，但是它确实让摆出权力姿势的参与者在某种程度上显得更有吸引力，也更加自信。

> **小贴士** 要想在重要面试或重大演讲之前多给自己一些信心，不妨走进洗手间并保持两分钟的权力姿势。当我这么做时，我会摆出双腿分开的站姿并将双臂悬空，保持两分钟，同时做几次深呼吸，想象有一道白光穿过我照向观众。这道光代表我要传达的讯息，让我专注于我的目标，而不是我的紧张情绪。

成为让别人想要和你相处的人

你有没有遇到过这样的人：他拥有如此充沛的正能量，以至于你想要尽可能多地和他相处？就像飞蛾扑火一样，我们经常被那些让我们感到快乐和乐观的人所吸引。成为这样的人可能会带给你参照性权力，让别人想要与你共事并倾听你的声音。关键在于平衡两种类型的幸福感：一种是基于生命的意义和目标的自我实现型幸福感，还有一种是基于快感的享乐型幸福感。拥有使命感可以赋予你一种具有感染力的正能量，让别人想要与你共事，并且可以增强你的参照性权力。我们经常把太多时间花在享乐上，比如和朋友喝酒或是狂看电视节目，而没有把足够的时间花在当地慈善机构志愿者服务或是跑马拉松等自我实现的活动上。这可能是因为自我实现活动在短期内未必会令人愉悦，但是它们比享乐活动更有利于我们的长期身心健康[24]。事实上，在老年人中，更高层次的生活目标是可以改善认知技能、降低中风风险并减少睡眠中断[25]。

> **小贴士** 在规划你的空闲时间时，除了享乐活动（如度假或看电影），还要安排一些自我实现活动（如学习新技能或帮助他人）。

在工作中找到意义感和使命感也同样重要。为此，你可能需要调整自己的职责，或者调整你对这些职责的看法。认识一些从你的工作中受益的人，有助于你感受到那种使命感。一些大学筹款人看了获得奖学金的学生写来的信，信中阐述了这些学生如何受益于所筹资金，学生们的故事大大激励了这些筹款人，以至于他们在接下来几周内筹集到的资金翻了一番多。还有一些大学筹款人看了前筹款人写来的信，信中阐述了筹款对这些前来筹款人的职业前景有何帮助，而这些筹款人筹集到的资金反而没有出现任何变化[26]。我们希望感觉到自己正在对某人产生影响，希望感觉到自己很重要。

请设法帮助自己看到你正在产生的影响，从而产生意义感和使命感。

> **小贴士** 想想你的工作以及它如何使他人受益。认识一些从你的工作中受益的人。如果找不到显而易见的受益人，不妨改变你对工作的看法。

与自己富有创造力的一面建立联系，也可以产生正能量和使命感，使你成为其他人想要和你相处的人。剧作家、小说家、词曲作者兼诗人朱莉娅·卡梅隆（Julia Cameron）认为，所有人都有创造的冲动，而满足这种冲动可以赋予生活意义感。她将创造力定义为我们当中许多人在成年后失去的乐趣感和开放心态。卡梅隆的著作《艺术家之路》（*The Artist's Way*）提供了一个为期12周的课程，旨在帮助读者找回乐趣感并与富有创造力的自我重新建立联系[27]。这本书是一位朋友送给我的，那时我三十五六岁，身在中国香港。如果我当时已经知道了自我实现型幸福感和享乐型幸福感的概念，我会说我从事了太多享乐活动，而在自我实现活动方面做得不够。我在工作中尤法再感受到个人成长，并且失去了人生目标。虽然《艺术家之路》没有让我看到目标，但是它确实提升了我的积极情绪，也帮助我增进了对自身的了解。"晨报"是一种意识流日常写作练习，让我对生活中那些阻碍我的事情有了更多的认识。每周一次的"艺术家之约"是一个由你自己花两小时来完成的有趣活动，给我的生活带来了被遗忘的乐趣感和冒险精神。最终，这本书让我在情感和心理上更愿意接受变化，而仅仅过了一年，我就做出了改变：搬到美国加利福尼亚州攻读博士学位，并在学术界开启新的职业生涯。

> **小贴士** 创造力是一种自我实现活动，可以增强生活中的使命感。请以适合自己的方式将它引入你的生活中。你可以在艺术画廊漫步、在客厅里随着音乐跳舞，或是邀请朋友来参加工艺美术课程。通过重新发现生活中的乐趣，增强你的参照性权力，成为让别人想要和你相处的人。

你已经学会了如何运用权力基础来构建一个平台，让别人关注你并倾听你的声音；以及如何管理消极情绪，培养自信和韧性；还有如何在生活中产生快乐和使命感。但是，要想发挥影响力，你还需要克服一个内在障碍：你脑海中的那个声音——那个一直在窃窃私语，说你不够好也无法产生影响的声音。接下来，我们了解一下如何控制你脑海中的那个声音。

第4章
控制你脑海中的声音

丹尼尔最近在工作中晋升为部门负责人，他在出席战略会议时感到很紧张。他环顾四周，看着其他高层领导，想知道自己是如何来到这里的。他们似乎都远比他更加优雅自信、经验丰富。在会议进行过程中，他一直觉得自己的晋升纯属侥幸，这个念头让他心不在焉。一下午过去了，他对快节奏的讨论越来越感到不知所措。他心想：我还没做好准备，这是个大大的错误。

卡罗尔不敢相信刚才那场演示有多么狼狈不堪。她为客户精心准备了一场技术含量很高的演示，并且对其中的数字了如指掌。但是，当她在会议室里做准备时，一位与会者入场后坐下来，让她给他端杯茶来。她尴尬地解释称自己是演讲者，对方连连道歉，但为时已晚。她突然敏锐地意识到自己是个孤独无助的女人，要面对满屋的男人做演示，尽管经过了几周的准备，在讲到数字时她还是磕磕巴巴，甚至还把一些数字弄混了。

　　丹尼尔是由特定情况触发的贬低型信念的受害者。虽然我在本书中描述的许多情况都发生在职场，但是这些概念也适用于职场以外的情况，包括学校、家庭和社区中。无论何时，只要你想要施加上行影响力，脑海中的声音就可能会坏你的事。

　　但是，就像情绪可以阻碍你也可以帮助你实现目标一样，脑海中的声音同样可以阻碍你也可以帮助你。通过学习对这个声音加以控制，你可以确保它对你更有帮助而不是有害。上一章为你提供了一些情绪管理方面的小贴士，而想法和情绪之间存在密切联系。消极情绪（恐惧）会触发贬低型信念（"我做不到"），反之亦然，两者会相互强化，形成一种恶性循环。因此，你越是学会管理自己的消极情绪，就越容易控制贬低型的想法。你产生的积极情绪越多，就越容易产生令人鼓舞的想法。

　　在本章中，我们会侧重于想法本身——你脑海中的声音。我首先要探讨三种可能会削弱你影响力的信念：关于你的成功、地位和影响力的信念。这些信念会在潜意识中起作用，因此了解它们会有助于管理它们。然后，我要分享一种策略，旨在通过运用积极的"触发器"在你脑海中产生一个对你有所帮助的声音。最后，我要探讨心理发展的各个阶段，以及这对我们施加上行影响力的方式有何影响。

关于成功的贬低型信念："我不配在这里"

丹尼尔的案例：反映出典型的冒名顶替综合征或冒名顶替现象，这是一个人觉得自己不配得到其已有成就的现象。患有冒名顶替综合征的人深信自己的成就归功于运气而不是实际能力；深信自己的成就不如别人，应该打个折扣；深信自己在欺骗所有人[1]。换句话说，他们觉得自己像个冒名顶替者。

临床心理学家波琳·克兰斯（Pauline Clance）和苏珊娜·艾姆斯（Suzanne Imes）首先在临床实践中发现一些高成就女性存在这一现象——这些女性拥有博士学位并从事学术工作，但仍然深信自己不聪明并欺骗了周围的人[2]。其他研究人员随后发现，男性也同样有可能觉得自己是个冒名顶替者[3]。如果你想了解自己是否患有冒名顶替综合征，请访问波琳·克兰斯的网站，她在该网站上分享了她的冒名顶替者现象测试的副本[4]。

对冒名顶替综合征的研究发现，那些觉得自己是冒名顶替者的人未必比不存在冒名顶替现象的人工作表现更差，但是他们不太可能从事有利于组织却超出其职责范围的额外活动，例如任职于跨职能部门的委员会或是组织社交活动。这是因为冒名顶替者也容易受到焦虑、自卑、过度完美主义（对自己期望过高）和自我效能感低（自我效能感是指相信自己能够实现目标的信念）等问题的困扰[5]。

为了帮助那些觉得自己是冒名顶替者的客户克服这种感觉，克兰斯和艾姆斯采用的方法之一是让他们与其他患有冒名顶替综合征的人一起进行集体治疗。听到其他显然很成功的人也声称自己是冒名顶替者之后，这些客户注意到自己的冒名顶替信念是多么荒谬。她们还鼓励客户坚持记录积极反馈，并留意自己是如何阻止自己接受反馈的。例如，如果他们读到了一则积极反馈并发现自己在否认它，那么他们应该注意到自己在这么做[6]。

> **小贴士** 找到其他患有冒名顶替综合征的人，每个人都谈谈你们取得的成就。注意其他人如何通过贬低令人印象深刻的成就并将成功归因于运气来贬低自己。然后，注意你们如何做出同样的事情。帮助彼此认清你们所有人都具有怎样的能力，但又都以怎样的方式不必要地削弱自己的信心。认可彼此的成就并帮助彼此找到觉得成功属于自己的感觉。

试试这样做：创建积极反馈的"微笑档案"

创建一个文件夹（电子版或纸质版都可以），在里面收集你收到的所有有意义的积极反馈。这就是你的"微笑档案"。每当一则反馈让你露出微笑并觉得对自己产生了影响时，请保留这则反馈的副本，包括电子邮件、卡片、照片，以及任何其他可以让你想起自己对他人产生了积极影响的东西。如果是口头反馈，请打字记录下来并保留副本。

每隔一段时间就通读一遍该文件夹中的所有内容，尤其是在开始担任新职位或从事新工作时，因为这是最常见的需要增强信心的情况。请注意你是否在对任何反馈打折扣或予以否认，例如"这并不难""我做出的贡献不如别人多"。如果注意到了这一点，请停下来。用承认该反馈的想法，例如"那是一项非常艰巨的工作""我真的有所作为"取而代之。这些成就属于你，是你应得的，请为它们感到自豪。

冒名顶替综合征与成功有关。你越是成功，越是受到认可，就越容易觉得自己像个冒名顶替者。你可能并没有患上十分严重的冒名顶替综合征，但也往往难以让脑海中那些怀疑的声音安静下来。我最近受邀在一次大型会议上发言，当我看到其他发言者的名单时，脑海中的声音开始像冒名顶替者一样窃窃私语："他们邀请我是不是搞错了？""他们有没有认识到和其他人相比，我是多么才疏学浅？"但是我知道，最好不要让这些想法失去控制。于是我转而去想自己从以前的听众那里获得的积极反馈，并将脑海中的声音替换成关于我可以为这一次的听众带来哪些好处的讯息："他们需要听到我要说的话""他们将会从我这里学到许多东西"。我发现专注于他人的讯息（如以上讯息）远比专注于我自己的讯息更有效。如果我试图给自己加油打气，比如"你很擅长这个"，那么我的内心可能并不认同。相反，如果我一心想要帮助他人，那么帮助他人的愿望就会湮没我脑海中怀疑的声音。

> **小贴士** 如果类似于冒名顶替者的想法导致你无法施加上行影响力，请将它们替换成关于你的目标以及你将会通过提出问题或提出建议带来的好处。要关注这个目标，以及那些将会从你的努力中受益的人。

我会给丹尼尔什么建议来帮助他克服自己的冒名顶替综合征呢？我认为，丹尼尔需要记住，担任新职位这种事情一向都是颇具挑战性的，感到不知所措并不意味着他没有资格，这只不过意味着他是缺乏经验的新手。如果他没有因自己的消极想法而严重分心，就不会觉得自己难以跟上讨论的节奏。丹尼尔应该用积极的想法取代消极的想法。如果他只是告诉自己不要有消极的想法，就会愈加关注这个想法，就像有人告诉你"不要去想一头白熊"一样。丹尼尔的当务之急是增强信心，为此，他可以思考自己能为这个职位带来什么，以及他希望为自己的团队和组织带来的好处。构思出一些简洁有力的句子来概括这些好处，有助于扭转他的消极想法。例如，每当他认为"我不配在这里"时，他应该立即提醒自己："我正在为我的团队营造更具包容性的环境。"这样可以提醒他注意到：他是被团队需要的，并且正在给团队带来价值。此外，这也应该会有助于增强他坚持下去并做好这份工作的决心。

关于影响力的贬低型信念："无论我怎么做，都无法改变"

当玛丽莲听说她家附近的青年活动中心将关闭时，她觉得难以置信。许多年前，当她的孩子还是青少年时，那里一直是她生活中的重要组成部分，为孩子们提供了放学后的安全去处。以后，孩子们可以去哪里呢？她打电话向一些朋友抱怨这是一场灾难，他们赞同她的看法。最后，一位朋友说："你为什么不做点什么呢？"但玛丽莲付之一笑，因为她压根不指望有人会听进去她的话。她甚至不知道该从何做起。而且，她已经对坏事情的发生习以为常，也接受了生活中令人失望的方方面面。

控制点是得到最广泛研究的性格特征之一，它检验了我们对事件是受内部控制（由当事人自己控制）还是受外部控制（由不受当事人控制的外部力量控制，如他人、机会或运气）的信念[7]。内部和外部控制点位于量表两端，而两端之间的各种情形存在很大差异。一般来说，比较理想的情形是落在量表上的"内部"一端，也就是相信自己可以控制生活中的结果。具有内部控制点的人往往会成为能够从负面事件中恢复过来的高成就者。相比之下，那些落在量表上"外部"一端的人则认为，他们几乎无法改变自己的处境，他们的努力不会产生预期的结果，甚至就连他们的行为也不由自己做主。就是说，他们别无选择，只能那么做。

控制点是一种性格特征，因此不易改变。但是，无论你有着什么样的控制点，你都可以运用斯蒂芬·柯维（Stephen Covey）提出的"关注圈和影响圈"来增强对生活的掌控感[8]。我们的关注圈很大，包含了我们所关心的各种事情，如我们的家庭、财务、健康、世界经济形势、气候状况等。但我们的影响圈要小得多，只包含关注圈内我们可以控制或影响的一小部分事物，如我们的行为、工作和态度。那些主要关注自己关注圈的人是"反应性"的：他们只是对周围的事件做出反应，抱怨、责备并觉得自己是受害者。而主要关注自己影响圈的人是"积极主动"的：他们不会抱怨，而是会思考如何才能以积极的方式影响各种事件。这两个圈子为我们提供了一种更灵活的方式来思考这个世界和我们在其中产生的影响，因为我们可以将注意力从一个圈子转移到另一个圈子。如果我们将自己视为"具有外部控制点的人"，那么我们就会对此无能为力，因为这是一种性格特征。但是，如果我们将自己视为"主要关注自己关注圈的人"，那么解决方案就会变得更加明确：我们可以转而在自己的影响圈里做出努力。

试试这样做：扩大你的影响圈

为了变得更有影响力，你必须相信自己可以有所作为。绘制出你的关注圈（你所关心的事情）和影响圈（你可以采取的行动）有助于让你相信自己可以产生影响。在一张纸上，中间画一条线，形成两栏。将第一栏标记为"关注"，第二栏标记为"行动"。

在第一栏中，列出你不满意或担心的事情。这可能包括你的职场生活、个人生活或健康状况等方面的问题。这份清单不应充斥着无休无止的抱怨，而应该列出一些令你印象最深刻的事情。

在第二栏中，想想你可以针对每个问题采取的行动。这不一定是解决问题的方法，也可以只是能让你距离解决问题更近一步的行动。例如，如果工作中的新政策让你很烦恼，可以去找有关人员谈谈，进一步了解该政策背后的想法。如果你担心自家十几岁孩子的手机使用情况，可以安排时间和孩子谈谈如何限制手机的使用。在所有情况下，请尽量先从对方的角度了解情况，然后再采取进一步行动。

发挥创造性思维来思考你可以采取哪些行动。有时候，最佳行动之一可能是"停止担心这件事"。当我意识到人生短暂，没那么多时间来计算卡路里之后，我就是这么做的。对于"我需要减掉15磅，因为我的套装不合身"这个问题，我采取的行动是"把套装改一下，不要再担心我的体重了"。通过进行这项练习，你可能会惊讶于自己的行动清单有多么长，也就是说，你的影响圈有多么大，以及你对自己的生活拥有多么大的掌控力。

不要误解我的意思：我并不是说我们要成为控制狂。影响圈和强迫型控制欲是有区别的。前者是对生活中困扰我们的方面采取的健康态度。后者是一种对人和事件加以控制并消除不确定性的不健康愿望。我们无法消除不确定性，也无法控制周围的人。我们只能影响他们，然后接受结果。

即使某件事情在我们的影响圈内，我们也未必能够完美地影响它。向他人发出指示在你的控制范围内，但你无法控制对方是否正确遵循这些指示。在这种时候，我们可以控制的一样东西是我们的态度。我们可以选择接受并应对它，而不是沉湎于否认或自怜。与其不停地去想"为什么是我？这种事情凭什么发生在我身上？"，不如换一种更加富有成效并且压力更小的方式想一想："好吧，事已至此。现在我要怎么做才能解决这个问题呢？"当我与没通过考核的学生交流时，我注意到一些学生能够接受没通过考核的事实，并且能够问我："出了什么问题？我需要做出哪些改变？"

　　我们越能接受生活的本来面目而不是抱怨它，就越能集中精力让生活变得更美好。抱怨会为我们的消极情绪提供能量，而不会带来任何解决问题的希望，因此会让我们感到无能为力。有时候，同情与我们有着相同遭遇的人有助于让我们感觉好一些。但如果同情变成了熊熊燃烧的不满之火，而又无法提供解决方案，那就要当心了。这时需要有意识地做出决定，要么对问题采取行动，要么放手不管。

小贴士 出现问题时，例如考试没通过或航班取消，会触发两种反应：消极情绪（烦恼）和抵触（否认）。请留意这种抵触反应，并对其采取与任何其他消极情绪相同的处理方式（参见第3章的"处理消极情绪"练习），让这团能量自然消散。你甚至可以试着留意让你感觉到抵触的身体部位，例如肩膀，并有意识地放松这个部位。等到思路随着情绪能量的消散而变得清晰之后，再决定要如何处理这种情况。

如果你一直试图改变某种情况，但一再遭遇失败，该怎么办？或者，如果你对这种情况束手无策，该怎么办？你仍然可以影响一样东西：你的态度。正如诗人玛雅·安吉洛（Maya Angelou）所说："如果你不喜欢某样东西，那就去改变它。如果无法改变它，那就改变你的态度。"[9]这并不意味着放弃，恰恰相反，这意味着我们必须充分利用这种情况。也许通过改变我们的态度，情况最终也会有所改观。如果你有一个很难相处的董事长，那么你可能无法改变对方的行为，但你可以管理自己的态度和行为。与其将董事长脾气暴躁的批评视为人身攻击，不如将其视为改善未来关系的反馈。与其抱怨董事长的微观管理风格，不如致力于采取透明而可靠的做法并建立信任关系，微观管理行为最终可能会因此而有所缓和。

关于即将关闭的青年活动中心，我会给玛丽莲什么建议呢？玛丽莲应该按照上文所述的方式，绘制出她的关注圈和影响圈。这样可以让她相信，她并不是无助的。然后，为了应对这一特定挑战，她应该去当地图书馆或社区中心进一步了解关于社区活动的信息。试图影响政策变化时，通常需要取得额外的支持，她可能会找到一个愿意关注此事的组织。如果找不到这样的组织，那么她可以和朋友们坐下来集思广益，列出可以采取的行动，例如联系当地议员或写请愿书。

然后，她可以确定自己最愿意采取哪些行动，并从这些行动做起。如果她可以得到朋友的帮助，那就更好了。

如果我们重点关注自己的影响圈，那么我们可能会惊讶于它的实际大小——这甚至可能是我们第一次意识到自己拥有一个影响圈。下次当你发现自己在抱怨关注圈内的事情时，不妨让自己考虑一下你可以针对每个问题采取哪些行动。我们在越大程度上生活在自己的影响圈内，我们的影响力就越大。

在你的脑海中创造积极的声音

有一次，我去观摩了一个研习班，举办者是我的一位有表演和导演背景的朋友，在这个研习班上运用了一种非同寻常的技巧来帮助企业高管改进他们的影响力风格[10]。他让研习班上的每一位经理采用角色扮演的形式，表现他们与一名团队成员（该团队成员由另一位经理扮演）之间目前存在的问题。他说他会在某个时刻叫停角色扮演，并递给经理一张纸条，上面写着一句他称之为"触发器"的话。经理需要考虑这个触发器，然后以这个触发器为目标来重新进行角色扮演。

一位经理的角色扮演内容是与一名居家办公的团队成员

的谈话。经理坚信该团队成员在家偷懒，并且希望他重新开始去办公室上班。最初的谈话很快就变得火药味十足，两个人显然都听不进去对方说的话。我朋友叫停了角色扮演，写下了一个"触发器"，将它交给了经理，并让他再试一次。在第二版谈话中，经理仿佛变了一个人。他关心团队成员，并且具有共情能力，让谈话变得卓有成效。随后，他告诉大家，那个触发器的内容为"你是我失散多年的兄弟"。

还有一位经理说，她的一名团队成员拒绝参加团队建设活动，因为他觉得这种事情纯属浪费时间。最初的角色扮演并不顺利。经理试图理解对方，同时也请求对方参加，但团队成员很干脆地拒绝了。我朋友再次叫停了角色扮演并提供了一个"触发器"。这一次，经理又仿佛变了一个人。她坚定而强势地掌控了谈话，结果团队成员很快就默不作声地听从了她。触发器是什么呢？"我刚刚收购了这家公司，你被解聘了。"

虽然这些触发器很有趣，而且可能比你在正常情况下使用的触发器更加戏剧化，但是它们说明了一个重要的观点：改变我们脑海中的声音，可以改变我们影响他人的方式。那个研习班上的经理们没有表演经验，然而，当新收到的一句话成为他们脑海中的声音之后，他们立即完成了无缝转变。

关键在于找到一个合适的触发器，通过它来改变你对相关情况或人员的感受或假设。第一位经理起初将团队成员视为偷懒的人，后来转变为将对方视为他所关心的人。第二位经理起初认为自己在这种情况下应该激励和吸引团队成员，后来转变成认为自己在这种情况下应该控制和指挥对方。

试试这样做：写下积极的语句，让它们成为你脑海中的声音

取一张纸，将其划分为三栏。将第一栏标为"情况"，第二栏标为"旧触发器"，第三栏标为"新触发器"。

情况：回想最近进行的一次不顺利的互动，或是即将进行而你担心可能会不顺利的一次互动。也许你需要进行一次高难度谈话，或者你可能正在设法培养一项技能。

旧触发器：写下你认为自己脑海中的声音曾经说过或是正在说的没有帮助的内容。想象自己处于这种情况，体会它带给你的感受，然后分析你对该情况、你自己或对方所做的假设。试着找出一句话或一个假设条件来反映核心情况。

新触发器：写下你认为在这种情况下会更有帮助的新语句。为此，你需要将旧触发器转换成更有帮助的新版本。留意新触发器会让你的感受发生什么变化。如果感受没有任何变化，就将触发器改写成更加有力的内容。

情况	旧触发器	新触发器
丹尼尔可能会这样写："高层战略会议。"	"我是房间里经验最少的人。"	"我可以为团队带来全新的视角。"这句话创造的感受是价值。
一位沮丧的家长可能会这样写："和我十几岁的孩子谈谈减少手机使用这件事。"	"我十几岁的孩子没有自制力。"	"我十几岁的孩子是个通情达理的人，他需要一些支持。"这句话创造的感受是信任。

在有新触发器以及没有新触发器这两种情况下，与朋友或同事进行角色扮演，并听取反馈。如果你找出了一个对你有帮助的新触发器，请将其放在容易接触到的地方，以便记得使用它。通过改变你对某种情况或某人的看法，你可以改变自己对其施加影响的能力。

找到在脑海中指引你的声音

在中国香港担任管理顾问几年后，我到了而立之年，觉得有必要改变一下自己的生活。在内心指引我的声音告诉我，接下来最好读个工商管理硕士。于是我开始填写申请表。有一次，我不得不写信请求一位前领导为我写一封推荐信。当我向她解释我为什么要攻读工商管理硕士时，我忽然意识到这是因为所有高级顾问都持有这一学位，而我想要像他们一样受到尊重。事实上，我根本不喜欢管理咨询，我所喜欢的工作内容只有培训新顾问。于是我停下了填写工商管理硕士申请表这件事，开始寻找培训经理的工作。

要想成为有影响力的人，第一步是确定在什么情况下有必要施加上行影响力，而在内心指引我们的声音会帮助我们做出决定。但是，这位内心向导有时不够成熟。为什么我的内心向导会告诉我应该读个工商管理硕士，而这在当时对我来说是件错误的事情？因为在那个人生阶段，我的内心向导反映了我周围的声音。我尚未形成自己的世界观，而是用别人的眼光看世界。由于我周围的顾问和我的父母很看重工商管理硕士资质，这一点在我身上得到了内化，我相信这也是我所看重的东西。能够摆脱那些外部声音，标志着我过渡到了下一个发展阶段。

哈佛大学心理学家罗伯特·凯根（Robert Kegan）确定了人类发展的五个阶段，它们代表了理解世界的不同方式[11]。第一阶段是童年，世界是我们无法完全掌握的神奇之地。第二阶段是青春期和青年期（我称之为"自我本位"），我们在看待世界时只从自己的欲望和需求出发。第三阶段是"关注他人"，我们用他人的眼光看世界。第四阶段是"有原则"，我们形成自己独立的世界观。在第五阶段，我们能够超越个人世界观，同时持有许多观点。凯根没有找到任何已经达到第五阶段的人[12]，所以下文就不介绍这一阶段了。

大多数成年人都处在第二阶段（"自我本位"）、第三阶段（"关注他人"）或第四阶段（"有原则"），或者处在这些阶段之间的过渡期。过渡期是个非常缓慢的过程，可能要历时数年或数十年，而且有些人可能一生中大部分时间都停留在同一阶段。虽然每个阶段都比前一阶段更加复杂，但这并不意味着它一定"更好"。这些阶段在道德或智力方面没有区别，它们的区别主要在于我们如何理解这个世界，尤其是在接受他人观点和处理复杂情况的能力方面。

要想实现从一个阶段进入下一阶段的变动，就需要将挑战与支持相结合。三十岁时，我处在关注他人的阶段。通过决定摆脱周围的声音，我强迫自己进入了有原则的阶段。就我而言，相关挑战是决定做我自己的事情。这有别于我在青春期"做自己的事情"。在那个阶段，我做出违背父母意愿的选择是为了证明自己的独立性。而我在三十岁时做出这个决定，并不是要向任何人证明任何事情。担任培训顾问的经历让我学到了许多东西，也让我意识到这是我既喜欢又擅长的事情。这种支持是通过阅读自助书籍来确定我真正的信念，找到支持我做出决定的朋友，以及确保我在找到新工作之前没有辞掉旧工作。在过渡到有原则阶段的过程中，我开始制定一套个人原则来指导自己，我又花了十年时间才将这套原则完全确立起来。

这与上行影响力有何关系？你所处的阶段会影响你施加上行影响力的方法，而你想要影响的人所处的发展阶段会决定对方在你尝试施加影响力时的反应。以下提供了更多关于第二阶段到第四阶段的详细信息，并具体介绍了这些阶段可能会对上行影响力产生怎样的影响（第一阶段是童年，与上行影响力无关）。

第二阶段（"自我本位"）：通过自己的需求和欲望看世界

处在自我本位发展阶段的人还没有发展出用他人的眼光看世界的能力。他们了解其他人也有需求和欲望，但心中无法同时持有自己的观点和他人的观点。因此，他们无法真正与他人共情，尤其是在别人妨碍自己的欲望时。儿童和青少年处在这一阶段是很自然的事情，但是也有一些成年人处在这一阶段。凯根发现约有一成的成年人（19岁至55岁）仍处在自我本位阶段，另外还有两成的成年人处在从自我本位到关注他人的过渡期[13]。

只有在自身利益受到威胁时，处在自我本位发展阶段的人才会直言不讳，并提出对自己有利的解决方案。

小贴士 如果你试图影响处在自我本位阶段的人，那么你的论点应该侧重于对方本人及其利益。你越了解他们的需求和欲望，就越有说服力。如果你的提议能让他们看到个人利益，就更有可能得到他们的支持。

第三阶段（"关注他人"）：用他人的眼光看世界

处在关注他人阶段的人们将一个或多个价值体系内化到了自己身上。他们学会了将这些价值观放在优先于自身需求和欲望的位置上。他们能够从他人的角度看世界，也能对自身行为产生的影响进行反思。然而，他们需要依靠别人来告诉他们事情是好还是坏、是错还是对。如果其他人的观点发生冲突，他们就无法解决这种冲突，因为他们没有心理独立意识，或是没有自己的想法。凯根举了一个丈夫预订夫妻度假行程的例子。在妻子的坚持下，丈夫只为他们两个人预订了度假行程（反映了妻子的价值观），但是他把这个计划告诉他的父母之后，他的父母看起来很落寞（反映了父母的价值观），最后他自发地邀请了他的父母。后来，他与妻子发生了争吵，他无法理解为什么妻子不能与他的父母共情。另外，妻子已经到达了下一个阶段，确立了一套指导原则，无法理解为什么他如此容易被别人动摇。凯根发现，只有刚刚超过一成的成年人处在关注他人阶段，另外还有三成的成年人处在关注他人和有原则之间的过渡期[14]。

　　在没有他人鼓励或是没有与他人协商的情况下，处在关注他人阶段的人可能会对是否要施加向上影响力犹豫不决。如果他们的价值观受到质疑，那么他们可能会直言不讳，但也会对其他人怎么看待自己感到担忧。

> **小贴士** 如果你试图影响处在关注他人阶段的人，请了解一下对方的价值观，并让自己构建的论点与这些价值观保持一致。为了摸清他们的价值观，请留意他们会谈论哪些内容以及会如何构建自己的论点。要意识到，他们需要保持积极正面的公众形象并让别人认可他们的行为，这一点对他们来说很重要。

第四阶段（"有原则"）：通过自己的价值观和原则理解世界

　　处于有原则阶段的人已经养成了对自身价值观和信仰的独立意识。他们没有将整个价值体系内化到自己身上，而是对不同体系和意识形态中的价值观有所选择，打造出了自己的价值体系。与关注他人阶段不同，他们用自己的眼光看世界，可以自己判断是非。与自我本位阶段不同，他们的视角更加复杂，并且囊括多个观点，因此他们可以同时考虑他人的需求和自己的需求。如果这些观点发生冲突，他们不会感到困惑，也不会依靠别人来告诉他们该怎么做。在领导力发展研习班上，我经常听到培训师告诉学员要保持本色并忠于"自我"，但此处有一个假设条件，那就是：学员已经到达了有原则阶段，并且已经完全形成了要忠于的"自我"。然而据凯根称，实际上只有三成的成年人到达了这个阶段[15]。

处在有原则阶段的人受到他们多年来形成的一套个人价值观的指导。他们会根据这套原则施加上行影响力。

小贴士 如果你试图影响处在有原则阶段的人，那么了解对方的原则和个人价值体系会对你有所帮助。要想确定这些信息，你可以充分投入时间来与他们相处，并了解他们会做出哪些类型的决定，以及做出这些决定的原因。如果你有自己的一套价值观和原则，他们可能会尊重这一点并愿意有原则地进行辩论，尽管有些人可能会固执己见。

试试这样做：反思自己的发展阶段

如果你正在设法确定自己处在哪个发展阶段，不妨回想一下你最近做出的一个复杂而重要的决定，该决定涉及不同的人和观点。比如决定是否要全家搬到一个新的地方居住，是否要开除表现不佳的团队成员，或者是否要接受其他邀约担任新职务等。请反思你所经历的决策过程，并将其与以下各项描述进行比较。看看哪一项最符合你自己的决策过程。请记住，你也可能处在两个阶段之间的过渡期。

- 处在自我本位阶段的人在做出决定时只考虑对自己的影响，而不考虑别人。
- 处在关注他人阶段的人想知道别人认为他们应该做什么。他们还会担心人们是否会评判他们做出的选择是好还是坏。他们希望最终决定可以成为得到别人认可的明智之选。
- 处在有原则阶段的人遵循一套个人原则或价值观来做出决定。他们不会担心别人的想法。对他们来说，重要的是最终决定是否符合他们自己的价值观和信仰。

凯根发现六成的成年人不是在向有原则阶段过渡，就是处在有原则阶段，因此你很可能处在这两个发展阶段之一。如果你发现自己在想要取悦他人和想要走自己的道路之间摇摆不定，那么你可能正处在过渡期。我经历了持续多年的过渡期，直到步入中年之后，我现在终于可以说：我已经到达了有原则阶段。

　　了解自己处在哪个发展阶段之后，你就可以深入了解自己如何看待世界，以及你的世界观可能会如何影响你施加上行影响力的方法。

　　要想控制自己脑海中的声音，你需要克服贬低型信念、设计触发器来产生对你有帮助的声音，以及找到在内心指引你的声音。这种自我意识需要你花时间反思，但投入时间是值得的。唯有努力塑造内在自我，我们才能造就深刻而持久的变化，让我们变得更有影响力。

　　现在，我们已经探讨了如何通过管理外在自我和内在自我（展现给世界的面孔以及你内心的情绪和想法）来成为有影响力的人。我们需要在各种环境中发挥影响力，而了解并适应这些环境可能会颇具挑战性。自信的举止学起来可能很容易，但是要想针对不同环境对自信的举止加以调整，使其不至于显得傲慢，难度就比较大了。在下文中，我们将深入探讨适应能力的重要性。

第三部分

社交环境

第5章

男人不是来自火星，女人也不是来自金星

20世纪80年代，作为在马萨诸塞州波士顿独自生活的单身年轻女性，我经常觉得自己很脆弱。在大学联谊会上，会有人逼迫我发生性关系；走在街上，会有男人以挑逗搭讪的方式骚扰我。因此，一个女扮男装研习班的广告引起了我的注意。当我作为一个女人感到如此无能为力时，将自己伪装成男人是个诱人的主意。

为这个研习班进行课前准备时，我们按照指示穿上了中性或男性服装（我选择了牛仔裤和 T 恤），我们到场后，一位化妆师为我们每个人提供了逼真的面部毛发。我拿到了一个山羊胡，配上我的一头长直发和一顶遮住眼睛的棒球帽，让我看起来就像生活在该地区的众多学生或兼职摇滚音乐人中的一员。我们花了一下午的时间学习如何以典型的男性化方式就座、站立和行走。为此，我们主要学习了如何将身体伸展成比我们所习惯的姿势更舒展的姿势，以及如何以双腿分得更开的站姿和更加稳健的步态站立和行走。我们甚至离

开了大楼，沿街而行，以测试我们的全新乔装形象。我们一定做到了以假乱真，因为据我所知，我们没有吸引任何异样的目光。

这个女扮男装研习班让我度过了一个有趣的下午，当时我只学会了一样东西，就是那种舒展而稳健的步态。它让我感觉自己变得更加强壮有力，所以我晚上一个人步行回家时也用了这种步态。但是现在回想起来，我意识到它对我产生了持久的影响。即使只有一下午的工夫，它也教会我以不同的方式栖居在自己的身体里，微妙地改变了我的身体发出的非语言信号。女扮男装研习班帮助我从内心理解了我现在懂得的知识：我的经历让我认为：性别是一种社会结构，是我们看世界的视角，也是我们可以有意识地加以管理的表演。

本章将探讨我们对性别的信念，以及这些信念对我们的影响力有何影响。学术界对性别和多样性进行了广泛的研究；我不会试图在本章中进行面面俱到的介绍。相反，我会主要关注性别和偏见这两个主题下与影响力相关的方面。

性别对影响力有何影响

爱丽丝是一家英国律师事务所的高级合伙人，刚刚调动到中国香港。作为中国香港办事处的新任主管，她想要扩大本地客户群，并且很高兴能与当地一家大型企业的负责人陈先生会谈。爱丽丝决定带上年轻律师布莱恩（Brian），他一直在研究陈先生的企业。爱丽丝和布莱恩被陈先生的秘书迎进了他的办公室。但是当爱丽丝伸手和陈先生握手时，他没有理会她，而是伸手握住了布莱恩的手，显然认为布莱恩是董事长。当布莱恩解释称爱丽丝是高级合伙人时，陈先生握了一下她的手，但没有承认自己犯了错误。在会谈期间，爱丽丝和布莱恩注意到陈先生只会看着布莱恩，即使在爱丽丝说话时，陈先生的回复也会指向布莱恩。这次会谈结束后，爱丽丝和布莱恩倍感困惑和失望，爱丽丝也不知道自己是否仍然想要拿下陈先生这个客户了。

我怀疑，爱丽丝的故事会引起截然不同的反应，具体取决于你们自身的经历。你们中的一些人可能会一笑置之，觉得这种事情永远不会发生；还有一些人可能会点头，并想起类似事情发生在自己身上的情形。这种体验可能不像以前那样普遍了，但仍然屡见不鲜。

当然，此类事件不仅限于某些地区。即使在倡导性别平等的一些国家，在工程、技术和医学等男性主导的职业中，女性也常常觉得自己不受欢迎。"雅典娜因素"（Athena Factor）[1]是一个研究项目，旨在了解为什么在拥有科学、工程和技术学位的女性当中，会有一半人在35岁左右辞去私营部门的工作。通过调查和焦点小组讨论，研究人员收集到无数女性在职场觉得自己不受欢迎的故事；例如，被认为是行政助理的女性工程师，或是在会议中被忽视或在交流重要内幕信息时被排除在外的专业技术人员。[2] 一位硅谷高管给自己取了一个男性化名之后，发现她假扮的男性新角色收到的电子邮件与她之前收到的内容完全不同[3]。

职场的性别偏见会给男性和女性带来不同的结果。一位女士可能会被派去接待最难对付的客户，因为上司想当然地认为她具有良好的人际交往能力。但是，接待最难对付的客户会导致她无法像男性同事一样快速进步。与男性同事相比，女性最终获得的资源更少，因为她们往往不会要求获得更多资源，而只会利用她们已经得到的资源。正如研究人员在一家金融服务公司发现的那样，女性得到的评价有时也会不同于男性[4]。在面向客户的工作中，女性收到的绩效评分在整体上低于她们的男性同事，而获得晋升的女性达到的评分高于获得晋升的男性。评估者和决策者并非有意识地这样做，他们只是觉得女性不够好，因为他们会以更高的标准要求她们[5]。

可见，性别对影响力具有普遍影响。女性和男性会得到不同的评价，这会影响我们在职场内外发挥影响力的能力。但我们不必接受这个世界的本来面目，因为情况会有所改

观，不过变化会来得非常缓慢。在我的一生中，我看到了性
别平等和对女性态度方面的进步。本章试图确保我们重点关
注这些问题并继续取得进步。

为什么人们往往认为男人比女人更有影响力

当我的一个女儿五岁时，有次我们一起玩一个电脑游
戏，在游戏中必须选择一个头像。她说："选那个穿粉红色
裙子的！"我回答说："我不喜欢粉红色。"她面带担忧的
神色看着我说："但是这样一来，你就不是女孩子了！"当
我向她解释有些女孩不喜欢粉红色时，我可以从她脸上看
出，她在努力调整自己对于做个女孩意味着什么的想法。这
件事作为一个例子，反映了我们可能参与的一种自然而然的
心理过程：将事物分类的愿望。

对事物进行分类的需求在我们身边处处显而易见：商
店布局将不同产品放在不同的过道，城市中的商业区与住宅
区迥然不同。对事物进行分类不仅对于创建平稳运行的社会
至关重要，而且对于我们的生存也是必不可少的，因为我们
会设法确定物体是否可食用，动物是否危险或者他人是否友
好。虽然有些类别很容易定义，例如，类别"正方形物体"
的定义是"有四条相等的边"。但人类有着纷繁复杂的多

样性，无法以这种过于简单化的方式分类。"男人"和"女人"在这两个类别似乎是由性器官定义的，但是这不适用于双性人、跨性别者或非二元性别者。

当某个类别缺少可以定义它的单一属性时，我们该怎么办？我们该如何确定哪些人属于该类别？我们会为我们认为该类别最具代表性的属性创建一个心理原型，并使用它来确定某人是否属于该群体[6]。我女儿创建了一个"女孩"的心理原型，该原型由一系列属性组成，其中包括"喜欢粉红色"。当她发现我不喜欢粉色时，她的逻辑思维就断定我不属于"女孩"这个类别。

你可能想知道原型和刻板印象之间有什么区别。原型是可以进行调整的起点，例如："大多数女孩都喜欢粉红色。"而刻板印象是过于简单化的观点，想当然地认为一个群体的所有成员都是一样的，例如："所有女孩都喜欢粉红色。"大多数人将心理原型视为刻板印象，因为他们更喜欢明确的答案而不是不确定性。这可能会导致偏见，尤其是在影响力方面，原因在于我们对领导者的心理原型。

如果人们将你视为"领导者"或是"具有领导风范的人"，那么你就会获得更大的影响力。要想被归为这一类人，你就必须被视为与"领导者"心理原型相似的人。这个心理原型是什么样的呢？请花点时间想象一位典型的领导者——不是某个特定的人，而是一位身份不明的一般领导者。想象一下这个人的外貌、举止和其他特征。如果你和大多数人一样，你可能会想象出某个态度坚定并表现出第2章中所述自信举止的人。这个身份不明的人可能还具有与社会地位相关的其他特征，例如属于多数种族或信仰多数派宗教，或者身为男性。这就是典型的领导者，是我们对潜在领导者进行比较时所参照的领导者原型。虽然这个原型并非在每个人心中都千篇一律，但是同一文化的成员之间存在很多相似之处，因为他们接触过相同的历史书籍、电影、电视和媒体。而且，由于父权制在现代社会中处于主导地位[7]，领导者原型的男性特征尤其根深蒂固。

1973年，心理学家维吉尼亚·施恩（Virginia Schein）启动了一系列研究，探讨了后来被称为"想到管理者，就想到男性"的领导者原型的男性特质。她向美国的研究参与者提供了一份属性列表，并要求他们将这些属性分配给"一般男性""一般女性"或"成功的中层管理者"。20世纪70年代最初的研究以及80年代的后续研究发现，典型管理者的属性与男性的属性密切相关，但与女性的属性无关，"想到管理者，就想到男性"就是这么来的。20年后，到了90年代，她发现美国男性的回答没有变化，但美国女性此时认为女性和管理者以及男性之间有了更多相似之处。这并不是因为她们对管理者的看法发生了变化，而是因为她们对女性的看法有所调整。施恩得出的结论是：由于美国男性的态度没有变化，而且男性通常是招聘和晋升决定的决策者，如果没有平等机会方面的立法，之前20年中担任领导职务的女性人数就不会增加[8]。

世界其他地方情况如何呢？2001年，施恩回顾了之前几十年的研究，这些研究在国际范围内进行了测试，考察了"想到管理者，就想到男性"在英国、德国和日本的管理专业学生中的情况[9]。这些管理专业学生无论是男性还是女性，都表现出了中度到重度偏见，倾向于将成功的管理者与男性属性联系起来，将相似的属性分配给"一般男性"和"成功的中层管理者"，而不是与女性属性联系起来。基于在所有测试国家出现的领导者属性，施恩确定了一个国际领导者原型，由下列属性组成，其中除了"胜任能力"之外的大多数属性都被研究参与者视为与男性有着比女性更加紧密的相关性：

- 领导能力
- 远大抱负
- 争强好胜
- 渴望承担责任
- 擅长商业事务

- 胜任能力
- 分析能力

领导原型不仅是男性，它还包括我们认为与社会地位相关的其他属性。高级领导团队之所以缺乏多样性，部分原因在于：有些人抱有偏见，难以将残障人士、少数民族、女性甚至态度谦逊、说话轻声细语的男性视为领导之才。如果你属于上述任一群体，这并不意味着你无法成为具有领导风范和影响力的人。这只是意味着你必须更努力地让你的成就得到认可并管理你的形象。然而，女性要想发挥影响力，还会遇到一个额外的障碍，那就是性别刻板印象。

小贴士 如果你不符合领导者原型，请不要气馁。本书提供的建议旨在助你一臂之力。特别是，磨炼你的非语言沟通技巧和自信举止（第1章和第2章）并构筑你的权力基础（第3章）。

揭穿男性和女性大脑的迷思

在我们更深入地探讨性别刻板印象之前，我们首先必须揭穿男性和女性在能力上存在先天差异的说法。这仍然是一种在大众媒体助长下广泛存在的误解，在我开始了解相关学术研究之前，我自己也一直信以为真。为什么我们如此愿意相信这个说法？因为性别刻板印象在我们的日常生活中根深蒂固，以至于我们从骨子里准备好了相信这些差异。

心理学家科迪莉亚·法恩（Cordelia Fine）在她的《性别错觉》（*Delusions of Gender*）一书中运用一个巧妙的思想实验，让人体会到"女性"和"男性"这两个类别是如何被视为人类社会中的根本区别的。她要求我们假设自己可以分辨刚出生的婴儿惯用右手还是左手，然后假设惯用左手的婴儿穿粉色衣服，而惯用右手的婴儿穿蓝色衣服。随着年龄的增长，他们继续穿着不同的服装并留着不同的发型，惯用右手的孩子只能留短发，并且从不被允许佩戴五颜六色的配饰。大人们会给右撇子和左撇子不同类型的玩具，还常常在口头上对他们加以区分，会说"左撇子，快点呀！"或是"去问问那个右撇子能不能换你玩一下秋千吧。"他们在运动队、公共厕所甚至一些学校都被隔离开来，而且他们往往会选择不同的职业[10]。

如果将"左撇子"替换成"女孩"，将"右撇子"替换成"男孩"，你会发现这就是我们处理性别类别的方式，也是我们在成长过程中认为这种区别具有根本重要性的原因。

难怪孩子们像我女儿那样成为"性别侦探"，试图确定成为其中一类人与成为另一类人相比意味着什么。我们没有意识到孩子们会多么积极地得出这方面的结论，因为有时他们自己也意识不到这一点。几年前，我家的热水锅炉出了故障，需要定期进行调整。一天早上，我调整了锅炉压力，并告诉我丈夫我已经搞定了。我六岁的女儿无意中听到了我们的谈话，惊呼道："我还以为女孩子修不了东西呢。"当我问她"是什么让你这么想的？"时，她一时也说不上来。过了一会儿，我们发现这是因为每当我们雇人修理东西时，来的总是男人。让我觉得很有意思的是，直到我让她思考一下，她才意识到自己是如何得出这个结论的。

孩子们甚至会成为"性别警察"，由于其他孩子玩的玩具或穿的衣服被视为不适合他们的性别而嘲笑或责骂他们。我四岁的女儿喜欢穿蜘蛛侠内衣，当她的一个男同学坚持认为她是男孩，因为只有男孩才穿蜘蛛侠内衣时，她很烦恼。我向她保证，女孩也可以穿带有蜘蛛侠的衣服。

如果我们当中的大多数人长大后都成了"性别侦探"和"性别警察"，那就无怪乎我们如此容易相信以下论点：男女之间存在先天差异，因此在某些类型的职业中，他们的影响力或工作能力也存在差异。这一论点的支持者声称，男性的大脑更擅长系统思维，而女性的大脑更擅长共情思维，这使得女性不太适合从事科学和技术行业。法恩对这一论点进行了剖析，提出科学证据并揭示了它的缺陷。她考察了一项又一项研究，剖析了史蒂文·平克（Steven Pinker）、西蒙·巴伦-科恩（Simon Baron-Cohen）和露安·布哲婷（Louann Brizendine）[11]等科学家用来"证明"女性更擅长照顾而男性更擅长科学的证据。

　　我在媒体上看到的一项研究让我格外感兴趣，在这项研究中，雌性猴子会选择玩洋娃娃而不是玩具汽车。由于猴子不会像人类孩童那样受文化影响，如果雌性猴子更喜欢洋娃娃，那肯定是一种先天差异。然而，法恩透露，正如许多这方面的研究一样这项研究在媒体上被歪曲了，其实是雌性猴子选择玩洋娃娃和平底锅[12]的总时间略多于警车和球。如果把玩娃娃的时间和玩平底锅的时间分开来看，那么结果并没有区别。女孩并非天生就比男孩更喜欢养育孩子。顺便说一句，雄性猴子玩洋娃娃和平底锅的时间与警车和球一样多。事实上，如果我们从灵长类动物身上寻找先天性别差异的证据，我们会看到相反的结果。虽然灵长类动物的社会有着明确界定的性别角色，但是这些角色因物种而异。在一些物种中，雄性根本不参与照料；而在另一些物种中，雄性是主要的婴儿照顾者。这种差异表明性别差异是后天习得的，而不是先天的。

　　为什么我们明明有更多相似之处，这些相似之处多到就连神经科学家也无法确定某个人的大脑是男性还是女性，但我们却如此关注差异？愤世嫉俗的答案是：宣扬这些信念有助于为社会体系中的不平等提供正当理由。如果我们相信男人天生就更擅长科学或技术，我们就不必担心从事这些职业的女性如此之少。不那么愤世嫉俗的答案是：差异是很有意思的东西，我们就像小时候一样，仍然在做"性别侦探"。和其他同性一起出去玩并对性别一概而论，可以给我们一种归属感，一种可以超越种族和其他差异的归属感。而如果科学家告诉我们这些差异是与生俱来的，这就会加强我们与自己性别之间的纽带。但是，如果我们停下来看看周围的证据——真切地看一看，而不是透过带有偏见色彩的性别期望镜片来看，我们就能自己看到真相。

　　我曾经相信，母亲天生比父亲更善于与宝宝建立纽带和抚慰宝宝，因为女性会分泌催产素，而催产素与建立社会纽带有关。我家第二个孩子出生后，这种想法被证明是错误的。那时候，我的五年制博士课程读到了第三年，我所有时间都泡在大学里或是家里的电脑上。我丈夫成了全职家长，负责照顾我们蹒跚学步的大女儿还有襁褓中的小女儿。我发现当宝宝开始哭闹时，我无法让她平静下来，因此我不得不把她交给我丈夫，而他总有办法让她立刻平静下来。事实证明，我曾经视为生物学事实的事情是文化习俗的结果。从文化角度来看，母亲花在宝宝身上的时间比父亲多，因此她们更善于在宝宝哭闹时让其平静下来。在我家，我们推翻了这种文化习俗，花更多时间陪伴宝宝的人是我丈夫。因此，当她哭闹时，能让她平静下来的人也是他。而且事实证明，男性也会产生催产素。

虽然我们的共情能力或系统化思维能力存在个体差异，但两个性别都没有遗传优势。问题在于社会造就的优势。许多人相信，男人更擅长数学方面的智商而女人更擅长情商，男人更擅长赚钱而女人更擅长育儿，而这些信念和期望最终会造成差异。女孩和男孩从很小的时候就了解到，社会对他们有着不同的期望。他们从父母、老师、电视、电影、互联网、书籍和其他孩子那里了解到了这一点。从他们出生的那一刻起，这方面的讯息就如此清晰和一致，难怪这些期望往往会成为现实。正如我们在第4章中看到的，这些期望可能会造成刻板印象威胁，从而影响女性在男性主导领域的表现。如果我们要发挥自己的潜力，就需要了解这些刻板印象，并了解它们会如何阻碍我们。

性别刻板印象会如何限制我们的潜力

我们当中的大多数人都在日常生活中经历过性别刻板印

象的影响。如果你曾经是个被人告知"不要再发号施令"的女孩，或者曾经是个被人告知"不要哭，要做个男子汉"的男孩，你就会知道自己的行为受到这些刻板印象的约束是什么感觉。如果我让你写下这些信念、这些作为女人或男人的"规则"，你很可能会轻而易举地完成，而且你列出的清单很可能会看起来与其他男人和女人比较相似。

研究人员将这些性别刻板印象称为"能动性"和"社群性"。男性有能动性；也就是说，他们是掌控局面的能动者，他们强大、果断、坚定。女性有社群性，也就是说，她们关心团体或社区，他们乐于助人、亲切友善、富有同情心。如果这些只是刻板印象，是对一群人提出过于简单化的看法，那会非常有害。但是这些刻板印象已经成了限制男性和女性行为的规则。也就是说，女人应该乐于助人并善于照顾人，而男人应该强大有力并掌控局面[13]。

这些刻板印象会给每个人带来麻烦。选择从事照顾性工作（例如护理或社工）的男性常常被迫担任更多行政领导职务，即使他们对这些职务不感兴趣。相比之下，女性很难晋升到同样的领导职务，从而导致组织顶层缺乏女性。即使在小学教学、社工、护理和其他医疗保健职业等女性主导的行业也是如此[14]。

这道让女性难以跻身顶层的无形屏障被称为"玻璃天花

板"。虽然造成这一障碍的原因有很多，包括缺乏灵活的工作方式以及对承担父母职责的女性的支持，但是还有一个因素没有得到充分讨论，而本书前文中提到过它，那就是：领导原型（争强好胜、志向远大、善于分析）与女性刻板印象（喜欢合作、善于照顾、情绪化）之间的不匹配。2010年，管理咨询公司麦肯锡询问了1500位高级管理者，以了解女性在其组织的高层中人数不足的原因，但没有人提到这种不匹配。他们所关注的主要问题是"双重负担"：女性在家庭中比男性承担了更多责任，因此难以像高级职位所需要的那样长时间工作[15]。然而，关注双重负担也可能会助长这道玻璃天花板。一项针对运输公司管理者的研究发现，女性得到提拔的可能性低于男性，因为她们被认为面临更多工作与家庭的冲突，因此更不适合担任领导职务[16]。在管理者看来，女性不仅不符合领导原型的男性化特质，而且她们肩负的家庭责任也使她们不太适合要求苛刻的领导职务。这就是关注双重负担会加剧偏见的原因。

> **小贴士** 如果你是一位渴望担任领导职务的女性，那么请向你的董事长明确说明你的抱负。讨论一下你想要在五年内达到什么样的目标。如果你觉得董事长担心你肩负的家庭责任，那么你甚至可以随口提一句："家人能为我提供

> 很多支持，所以我可以承担更大的责任。"可能没必要说得这么直白，但是我听人说过，一些高级管理者不会考虑让女性担任某些需要频繁出差或长时间工作的职务，原因是认为这会给她们的家庭带来压力。

你可能听说过针对过于坚定自信的女性的"反弹"。和许多进入流行文化的心理学概念一样，这个概念被过度简化了。事实上，反弹不仅仅会影响女性。它指的是针对行为与刻板期望相反的任何人做出的负面判断。社会心理学家劳瑞·鲁德曼（Laurie Rudman）发现，态度谦逊的男性和自吹自擂的女性容易招致反弹，他们的行为都与性别刻板印象背道而驰，因此被认为不太讨人喜欢，也不太适合被雇用。问题在于，虽然态度谦逊的男性被认为不太能干，但自吹自擂的女性被认为比不自吹自擂的女性更有能力。尽管如此，但仍然不太讨人喜欢，也不太适合被雇用[17]。这对女性造成了双重束缚。正如鲁德曼的研究发现的那样，她们无法做出那些让她们看起来更有能力的行为（也就是与男性刻板印象一致的自吹自擂、坚定自信的行为），同时又不会让自己更容易受到反弹，包括来自其他女性的反弹。

一份对反弹的研究评述发现，反弹似乎主要发生在女性的言辞表现得坚定有力时；例如，吹嘘自己或口头要求改变。如果以含蓄的方式表现坚定自信——通过眼神交流、谈话时间、插话和敞开的姿势，就不太可能引发反弹[18]。假设在一次会议上，一位女士不断被人插话。她可以通过以下两种方式之一做出回应：可以说一句"大家能不能别打断我！"，也可以再打断，通过打断对方，她以一种含蓄的方式表现出自信，人们会认为这种方式比第一种选择更容易接受。

> **小贴士** 练习运用自信举止和非语言信号（例如眼神交流或姿势）来表现自己。例如，当学生在我的课堂上捣乱时，我会停止讲话，并将期待的目光投向他们。这招很有效，而且不会影响学生对我的喜爱。但是，如果我说："别闹了，请好好听讲！"那么我可能会成为一位由于令人讨厌而出名的老师。为了避免受到反弹，应该学会以非语言方式坚持自己的主张，这对男性和女性都很有用，但对女性来说尤其重要。

心理学家奥莉薇娅·奥尼尔（Olivia O'Neill）和查尔斯·奥赖利（Charles O'Reilly）想知道高度能动性会不会影响女性的职业生涯。他们对一组工商管理硕士毕业生进行了为期八年的跟踪，发现在此期间，与那些没有能动性或是有能动性但缺乏适应能力的女性相比，既有能动性又有适应能力的女性得到了更多的晋升[19]。适应能力的衡量指标是自我监控[20]，这是一种人格特征，表明了一个人改变自身行为以适应不同的人员和情况的能力和意愿。有能动性但缺乏适应能力的女性可能会经历过反弹，即被认为不太讨人喜欢以及不太适合晋升，但适应能力强的女性不会这样。事实上，能动性似乎对你的职业生涯有益，前提是你知道如何适应不同的情况。虽然奥尼尔和奥赖利无法准确了解这些女性是如何进行调整的，但是我将在下一节中讨论的研究表明，她们会采用更加雌雄同体的风格，实现能动性行为与社群性行为的平衡。

那么，我们该如何看待反弹？反弹确实会发生，但并不像我们想象中的那么频繁，而且我们可以通过非语言行为来表达自己的意见，并根据不同的人员和情况调整自己的行为，从而减少这种情况。以上两种做法都可以从根本上缓和能动性行为。有时我很想知道，我们是否由于过分关注反弹效应并导致女性对能动性行为感到紧张，而对我们自己造成了伤害。在这个问题上，要点在于你不应该逃避能动性，只需运用一些策略来缓和或平衡这些能动性行为即可。

在继续进行讨论之前，我想提一下如果女性是男性主导工作场所中的少数女性之一，她们会面临哪些挑战。一些从事男性主导职业（例如工程或建造）的女性与我接触过，她们告诉我男性董事长在提供反馈时说她们过于咄咄逼人或固执己见。她们不知道该如何调整，也不觉得自己过于咄咄逼人。我在课堂上对她们进行观察后，同意她们的看法，所以我怀疑她们董事长的判断被男性主导的环境扭曲了。我之所以提出这个问题，是为了提醒我们所有人：有时问题并不是我们自己造成的。当然，个人可以采取很多做法，这正是我在本书中介绍的内容。但是，女性领导职位的缺乏不能仅靠女性个人来解决。

有一种做法有助于改变我们生活环境中的文化，那就是对一些性别假设质疑。如果你发现自己，或是你的朋友或同事评价一个男人"太软弱"或者评价一个女人"难对付"，请对这些假设质疑。问问自己或对方：如果那个男人是女人，你们会不会认为他的行为"太软弱"？如果那个女人是男人，你们会不会认为她的行为"难对付"？质疑这些假设未必会消除偏见，但唤醒意识就是迈出了第一步。我们也可以停止将某些行为视为"男性化"或"女性化"，转而将它们视为"能动性"或"社群性"。如果我们在提及这些行为时采用这种方式，就有望不再将它们视为按性别归类的行为，并让每个人都能更加轻松自如地运用这两类行为。质疑朋友的假设并改变自己使用的语言只是很小的变化，但如果所有人都这样做，就会产生连锁反应，我们就能让文化发生转变并促进性别平衡。

超越性别刻板印象

朱莉安娜（Juliana）在她的新团队中处境艰难。身为一名工程师，她对于自己是团队中极少数女性之一的情况早就习以为常，然而这是她第一次领导一个完全由男性组成的团队。她曾经设法与团队成员建立融洽的关系，但他们似乎并不尊重她的业务专长和领导能力。昨天，她发现他们经常开会不带她。当她表示自己应该参加这些会议之后，有个人傲慢地说道："别担心，我们搞得定。"而其他人则面露假笑。她一直自认为是一位亲切友善而富有同情心的领导者，但是这个团队正在考验她的耐心。

如果能动性和社群性结合在同一个人身上，会是什么样子？这就是雌雄同体的定义。我们往往认为雌雄同体是性别中立的，但在心理学中，雌雄同体的人是指那些在男性化的能动性和女性化的社群性这两类特征都获得较高评分的人。此项评分通常会采用贝姆性别角色量表来完成，该量表中包括被认为男性化的特征（自力更生、擅长运动、力量强大、支配地位、咄咄逼人、争强好胜），被认为女性化的特征（顺从、柔情、同情、共情、热情、对他人的需求敏感），以及中性化特征（乐于助人、认真负责、快乐、可靠、不可预测）。对雌雄同体的有限研究发现，雌雄同体的团队成员更有可能被视为领导者[21]，雌雄同体的管理者（男女皆有）更有可能被视为变革型领导者，并让员工认同他们[22]。

如果朱莉安娜培养出一种雌雄同体的领导风格，让自己身上的社群性特质与能动性特质得到平衡，她就会从中受益[23]。换句话说，她需要一边严加要求，一边关怀他人：严加要求意味着设定高标准并传达强硬的讯息，关怀他人则意味着提供支持和同情。例如有一次，我必须管理某个表现不佳的人，我明确列出了相应的标准和期望，并且就对方完成的每项任务指出他没有达到这些期望的地方。但是，我在这样做的同时也承认了他付出的努力，并且从个人角度给予了支持和关怀。不带任何敌意，只是传达了一致的讯息：尽管他尽了最大努力，但仍然没有达到标准。最后，他得出的结论是这份工作不适合他，我们分开了但保持了良好的关系。

朱莉安娜应该思考如何对团队成员提出更高要求并维护自己的控制权，特别是鉴于他们已经习惯于自作主张开会不带她。然而，如果直接要求他们不要再背着她私自开会，可能会显得蛮不讲理，还会引起反弹；相反，她应该向团队成员展示她为什么是领导者，展示她的业务专长。例如，她会比团队成员更了解组织的目标，也更了解团队的工作需要如何配合这些目标。她可以召开会议，在会上向团队成员阐明大局并明确列出各种优先事项，同时附上相应的时间表和具体目标。

此外，朱莉安娜还应该在权威性和参与性之间寻求平衡。虽然她需要展现自己的掌控力，但也应该让团队成员有机会参与对他们有影响的决策。例如，时间表和具体目标需要听取团队成员的意见，因为他们是完成工作的人，但是她应该主导讨论过程并设定较高的期望。在会议期间，她应该注意自己发出的非语言信号，确保自己表现出自信举止。只要团队能够实现商定的目标，她甚至可以允许团队成员继续开会不带她。

如果你不是团队的领导者，该怎么办？给朱莉安娜的建议仍然适用：对能动性特质和社群性特质加以平衡，是提高影响力的有效方式。心理学家琳达·卡尔里（Linda Carli）及其同事发现，结合运用友好面部表情和自信举止的女性比不这样做的女性更有影响力[24]。这也表明软策略的运用对于女性很重要，例如，在试图对他人施加影响之前，先花时间建立融洽关系并表达感激之情。

共同寻求解决方案

男性和女性需要共同努力才能取得进步。令人遗憾的是，性别问题很容易蜕变成两性之间的问题。我们从小就了解到种种性别差异，因此战线早已存在，而战火一点即燃。然而，我们所有人既是问题的造成者，也是问题的解决者。女性也可能像男性一样抱有偏见，而男性也可以帮助女性提高话语权和影响力。

在伦敦政治经济学院的"领导力大师"课程中，我将十节课中的一节专门用来探讨性别和领导力。在那节课上，我分享关于性别偏见、性别刻板印象以及由此给身居领导职位的女性带来了哪些挑战的研究。几年前，有个学生在课后来找我。这位来自秘鲁的工程师告诉我，这是他第一次听说性别偏见。他找班上的女同学进行了确认，了解到这是她们在工作场所遇到过的事情，然后他来到我的办公室，认真地问道："我可以提供哪些帮助？"

即使并不处于掌握权力的位置，男性盟友也很重要。不妨回想一下高级合伙人爱丽丝和初级律师布莱恩的逸事，其实布莱恩可以通过多种方式提供帮助。如果布莱恩更加正式地介绍爱丽丝，提到她的职位全称、在事务所的工作时长以及她的大客户，那么陈先生可能会因此而对她另眼相看；或者，如果布莱恩在整个会谈过程中一直将视线放在爱丽丝身上，那么这可能会迫使陈先生也看着爱丽丝。无论如何，爱丽丝都需要布莱恩的帮助，而布莱恩需要一些关于如何提供帮助的指导。

除作为盟友一起工作之外，我们还需要开始创造新的领导原型，通过媒体、电影和历史书籍，为女性和少数人群领导者带来更高的曝光率。我们需要建立可以抵消偏见的制度，从而增加组织中女性和少数人群领导者的比例。

偏见是下意识的，这是心理原型和性别刻板印象的结果，所以我们不能指望个人决策者能够管理他们自己的偏见。相反，我们必须调整我们的招聘和晋升制度。一项对美国交响乐团的研究发现，改变招聘流程以引入"盲试"（即应聘者在幕布后演奏）之后，女性音乐家在新员工所占比例从10%增至35%，增加了三倍[25]。与依靠个人判断相比，改变招聘和晋升制度可以在消除偏见方面产生更加持久的影响〔有关如何解决偏见问题的更多信息，请参阅我发表于《福布斯》的文章《为什么性别偏见仍然存在？我们又可以做些什么？》（*Why Gender Bias Still Occurs and What We Can Do About It*）[26]〕。

我们都可以尽自己的一份力量来减少性别偏见，并帮助女性让自己的声音更有分量。一位在男性主导组织中工作的女性管理者注意到，只有男性会在她的团队会议上发言。她制定了新的会议程序：男士发言后，必须由女士先发言，然后才能由另一位男士发言。她告诉我，起初的几次会议让人很痛苦。男士们不耐烦地沉默等待，而女士们则为该说些什么苦恼不已。但是过了一段时间后，这些女士来开会时会期待发言，并且更加渴望参与，而团队也由于听取她们的意见而受益。这位管理者一开始不得不强迫团队成员改变，但最终这成了她团队的新常态，团队中的女性也因此变得更有影响力。

> **小贴士** 想一想如何才能确保听到你周围比较微弱的声音。为此，你可能需要留意谁没有在会议上发言，并问问他们"你怎么看？"或者允许在会议结束后立即通过电子邮件提交其他想法，以便让内向的人也能做出贡献。他们通常需要一个安静的空间来深入思考。即使你不是会议的主持者，你仍然可以挺身而出。如果我在参加会议时注意到有人被别人插嘴打断了，那么我会说："艾玛，你刚才在说什么吗？"

性别刻板印象未必会像它们目前那样束缚人们的行为。能动性（强大、果断、坚定）和社群性（乐于助人、亲切友善、富有同情心）是所有人都可以接纳的特质。如果我们欣然接纳这两者，就可以创造一个空间来帮助我们发现真实的自我——也就是我们每个人身上独一无二的特征组合。我们可以让所有人的声音都同样有分量。

第6章
透过文化的镜片看世界

文化是一套我们往往意识不到的不成文规则。也就是说，直到我们遇到有着不同规则的人，我们才会意识到自己的文化。每当你通过"我应该……"或是"他们不应该……"之类的想法来评判自己或他人时，都是在反映你的文化教养。甚至就连对于遵守规则方面应有的严格程度，我们的信念也会因文化而异[1]。文化就好比鱼在其中游动的"水"。鱼意识不到它周围存在着这种无色液体，也意识不到水对它游泳和看世界的方式有何影响，直到鱼被转移到另一个池塘，接触到了不一样的水，它才会意识到。文化是无处不在的，我们每天都在其中遨游。正是文化的这种本质让它成为一股强大的无形力量，你如果想要拥有影响力，就必须考虑到这一点。

为什么文化很重要？因为你们当中的许多人很可能在多元文化环境中生活和工作。各个组织有着自己的文化，如果组织规模足够大，往往还会在不同的部门或办事处发展出亚文化。同样，学校或俱乐部也会发展出自己的文化。如果一个团体存在的时间比较长，其成员不会频繁变动，并且其管理者有着清晰而一致的世界观，那么该团体的文化就会比较强大。此外，职业也可以发展出自己独特的文化，尤其是那些需要额外接受多年专业教育并取得从业资格的职业，如律师、医生和学者等[2]。

> **小贴士** 要确定你所属的团队是否拥有自己的文化，问问自己你们有没有一套大家都会遵守的成文或不成文的规则。如果并没有成文的规则，但你们都会表现出相似的行为，那就表明该团队拥有一定程度的文化。如果你们有成文的规则，但大家不会遵守这些规则，那就表明该团队的文化比较薄弱。

　　文化会不知不觉地渗透到我们的生活中。我们每天都会与持有不同的文化观点、抱有不同的期望、以不同的方式解读各种事情的人进行互动。即使是同一个家庭里的人，也可能存在无法一眼看出来的差异。在不了解文化有何作用的情况下，我们可能会将这些差异归因于个性和个人特质的差异，从而对人做出不公平的判断并加深误解。如果对文化有所了解，就意味着我们可以预见到这些差异并针对他们做出调整。

就像鱼周围的水一样，文化对我们的信仰、态度和行为有着难以察觉的广泛影响。我们可以将文化视为一个镜片，它会让我们看世界的方式以及我们对世界做出反应的方式带有颜色。如果我们想要对他人施加影响，就必须了解他们是透过什么样的镜片看世界的。我们越了解对方所使用的镜片，就越能以相应的方式来构建我们的论点，以便让自己的声音更有分量。更加复杂的情况是，我们当中的许多人都佩戴着来自影响过我们的不同文化的多重镜片：我们成长的国家、我们就读的学校、我们工作的行业。在如此复杂的社会背景下，我们如何才能成功地相互影响？本章将为你提供一些策略，用于在不同的环境中简化复杂性并提高影响力。我不会在本章中涵盖所有可能存在的背景，但我会向你介绍文化的概念，探讨较有可能影响上行影响力的两个文化维度。

如何避免像泰坦尼克号一样沉没

文化差异正如导致泰坦尼克号游轮沉没的冰山，大部分都隐藏在水面之下。也许你提出了一个无懈可击的论点，结果却与你试图影响的人所持有的文化观点相冲突。就像我们在第2章中看到过的投资银行家，他的自信举止会显得傲慢，促使对方驳回他的论点。也许你没有坚持采用从文化角度让对方接受提出的论点，导致对方更难听从于你。或者，也许你无意中冒犯了对方并关闭了沟通渠道。学会感受周围的文化会有助于你调整自己的行为，从而提高你的影响力。

心理学家埃德加·沙因（Edgar Schein）确定了文化的三个层面，你可以把它们想象成一座冰山，其中只有一部分露出水面。这个可见部分称为可观察的人为表象。水面之下是价值观和规范，更深层的是基本假设[3]。

可观察的人为表象是你可以用五种感官观察到的文化元素。想象一下你刚到一个新城市：你会注意到什么？你可能会观察人们的着装方式、他们对陌生人的友好（或不友好）程度、街道的布局，以及商店和餐馆的类型等。或者，你刚到一家新公司：你会注意到什么？你可能会发现员工之间的互动方式、他们的着装方式、办公桌的外观，以及办公室的布局。公司年报、相关新闻等也会对你有所帮助。通过这些观察，你可以了解该公司认为哪些内容是值得写下来、谈论一番以及在其墙上展示的重要内容，从而洞察该公司的价值观。

仪式和语言也是文化中的重要可观察元素。仪式是人们遵循的例行程序，如庆祝员工生日等。语言包括人们相互称呼的方式、使用的行话或是常用语等。我工作过的一个办事处不断提醒我们注意"二八法则"，这一理念认为80%的结果来自20%的努力，并且鼓励我们想出让人一目了然的直观答案。

> **小贴士** 如果你想要了解公司文化对上行影响力的接受度，可观察员工的服装、沟通风格、语言、行为方式等。例如，员工会直呼董事长的名字吗？他们会和董事长开玩笑吗？会议如何进行？如果大家以非正式的方式进行交流，而且上司和下属打成一片，那么与那些强调礼节并认为上司不可接近的文化相比，这种文化可能更容易接受上行影响力。

但是，请小心谨慎，不要根据你的观察妄下结论。对于你不熟悉的文化，你可能会根据自己的文化观点予以误读。你观察的信息可能会对你有所帮助，但是请务必再与沉浸于该文化之中的人确认一下你的结论。如果你加入一个新的办事处之后，注意到董事长一直敞开大门，你可能会认为董事长愿意听取你的想法。但是请事先与同事确认一下。你可能会发现董事长敞开大门并不表明欢迎你畅所欲言，而是由于通风不良而必须这样做。

价值观和规范是人们广泛接受的关于对与错的信念。"规范"一词出自社会学术语"社会规范"，指的是关于人们应该如何思考和行动的成文和不成文规则。我们应该合作还是竞争？我们应该优先考虑个人需求还是群体需求？遵循程序更重要，还是走捷径节省时间更重要？这些价值判断会因文化而异。在尝试施加上行影响力时，如果采用与所处文化价值观相一致的方式来进行调整，会更有成效。

价值观和规范隐藏在水面之下，不易被观察到。如果你想要了解某个组织的价值观和规范，就需要花时间在该组织中进行观察，还要和长期任职于该组织的员工聊一聊。阅读该组织网站上的信息无法告诉你太多东西，原因很简单：它们只是陈述了一系列价值观，并不意味着这些价值观在该组织中占据了主导地位。文化是群体中个体的总和，而不是由一小群领导者下令执行的活动。

> **小贴士** 要想了解某个组织的价值观和规范，请和已经在那里任职很长时间的人聊一聊。下面列出了一些可以询问的问题[4]。

问题：组织的核心使命是什么？目标是什么？为了实现这些目标，组织采取了哪些做法？如何衡量这些做法是否成功？

让你的提议与这些目标和核心活动保持一致。

问题：请给我讲讲你某次试图对高级管理者施加影响的经历，例如，提出一个新想法，或向他们提供反馈。他们是如何做出反应的？

想一想：如果你收到这种反应，你会怎么做。收集你可能需要的其他信息或支持。

向担任不同职务的人询问相似的问题，也可以揭示真相。如果每个人都持有不同的观点，尤其是对组织使命和目标的观点，则表明该组织中存在多种亚文化，而不存在贯穿于整个组织的整体文化。价值观和规范可能会因办事处或部门而异，因此请确保你收集的信息与组织中的相关部分有关。

基本假设是一些根深蒂固的信念，构成了价值观的基础，它们是如此根深蒂固，以至于个人往往意识不到自己抱有这些信念。如何才能发现一个下意识的信念呢？文化研究人员弗恩斯·特朗皮纳斯（Fons Trompenaars）建议我们选择文化中一条重要的不成文规则，并在来自该文化的人的帮助下对其进行剖析。他说，要问"为什么"并且要不停地问"为什么"，直到对方生气为止[5]。如果对方生气了，就表明你达到了一个基本假设。不要对你试图影响的人这样做！请对来自该文化的其他人这样做，以便了解该文化。

我来给你举个例子。我的妹妹们虽然在美国长大，但却不会直呼我的名字"康森"，而是遵循了中国传统叫我"姐姐"。在20世纪70年代，美国康涅狄格州格林威治的文化并不够多元化，我们痛苦地意识到自己与众不同。如果我当时问我母亲关于这种文化习俗背后的假设是什么，我们可能会进行这样的对话：

我：为什么您让妹妹们叫我姐姐？我们的朋友谁也不会这样做。

母亲：这是为了表示尊重。

我：为什么我的妹妹们要对我表示尊重？

母亲：因为你年纪比她们大。

我：为什么她们必须尊重我的年龄？我只大了三岁而已。

母亲（生气了）：哎呀！你什么都不懂！（每当向她提出她无法回答的问题时，她总会这么说。）

她生气了，就表明我达到了基本假设：即便是极小的年龄差异也值得尊重。但是，因为她自己从未质疑过这种信念，所以当它被质疑时，她就会无法回答，由于这一信念构成了她的价值体系的基础，因此生气和不理睬是她捍卫自己价值体系的一种方式。

小贴士 为了揭示组织中的基本假设，下面列出了一些需要考虑的问题。在某个行业或组织中工作一段时间（可能是六个月或更长时间）之后，你或许可以自己回答以下问题[6]：

问题：真理基础是什么？是来自数据还是直觉？

如果是数据，请收集足够有说服力的数据来支持你的论点。如果是直觉，请听取受人尊敬和经验丰富的人的意见，并用他们的"直觉"来证明你的提议是正确的。

问题：时间性质是什么？也就是说，我们会关注短期还是长期？需要做多少规划？

相应地为你的提议制定时间表。

问题：对于人类动机的信念是什么？你的大多数同事认为激励员工的因素是工作本身还是外部奖励？

如果你的提议涉及激励员工，请采用与他们信念一致的设计。或者，如果你想要对该假设质疑，请承认该假设并收集证据来反驳它。

以上只是就需要考虑哪些类型的事情提出一些建议。要想发现其他基本假设，请选择组织中一项重要的不成文规则，尝试进行"为什么"练习。

重新思考业务的基本假设有时会带来竞争优势。在线鞋类电商公司美捷步（Zappos）认定其核心价值是卓越的客户服务。因此，他们质疑了许多在线业务的基本假设：应该最大限度减少呼叫中心的开支，并根据接线员一天之中完成的通话数量来衡量他们的绩效。美捷步将呼叫中心视为进行营销的机会，并鼓励接线员根据需要花费充分的时间来满足潜在客户的需求，甚至在美捷步库存无货的情况下帮助他们在竞争对手的网站上查找产品。通过改变将营销与客户服务分离开来的基本假设，美捷步改变了他们对于这部分业务的处理方式，并最终收获了回报。尽管他们在传统营销渠道的花费不如竞争对手多，但得益于客户满意的口碑，他们的业务迅猛增长[7]。

如何才能避免像泰坦尼克号一样沉没？请注意文化"冰山"的三个层次——可观察的人为表象、价值观和规范，以及基本假设，并利用它们来理解你正在打交道的组织或群体的文化。但是，对于群体中的个人，我们又该怎么办呢？我们来看看他们——或者是你——可能佩戴的不同类型的文化镜片，以及这对你的影响力策略有何影响。

你佩戴了什么样的文化镜片

当我第一次成为培训经理时，我对于教授跨文化管理避之不及。在我看来，教授文化差异涉及教授一大堆刻板印象，而我最不愿做的事情就是开始对来自不同国家或地区的人套用刻板印象。但我最终意识到，如果我们不了解那些可能因文化而异的维度，我们可能会将误解归咎于人，而不是归咎于文化。例如，我认为我父亲缺乏道德，而没有意识到他是在透过不同的文化镜片来看世界。因此，我现在会教授文化差异，但我会进行解释，告诉学员文化是一个镜片，即使出身于同一文化的人，所使用的镜片版本也可能存在差异。

　　文化差异通常可以通过问卷得出的分数来衡量。跨文化研究人员吉尔特·霍夫斯塔德（Geert Hofstede）创建了一个交互式网站，使用他的研究数据来比较不同国家或地区的情况[8]。一个国家或地区的整体分数就是该国家或地区调查对象的平均分。你不知道与你打交道的人代表了异常值还是平均水平，因此请保持开放的心态。你要设法确定的是，他们佩戴的文化镜片是否和你不同。如果我似乎在多次重复传达这个讯息：不要想当然地认为每个人都符合文化刻板印象，那是因为可能需要重复很多次才能让它深入人心。我们热衷于简化这个世界，因此要多付出一些努力才能记住它实际上是多么复杂。

　　虽然各国学者已经研究和衡量了许多种文化差异，但是有两种文化镜片与上行影响力尤其相关，那就是：权力距离和沟通坦率度。

权力距离[①]：采用在文化上的得体方式说真话

　　维克托效力于一家国际慈善机构的吉隆坡小事处，他的

---

① 权力距离用来表示人们对组织中权力分配不平等情况的接受程度，其大小用指数表示。——编者注

董事长计划升级该办事处使用的财务管理系统，而他对此感到担忧。维克托在他的前公司有过类似的经历，目睹了灾难性的结果：发票丢失，供应商拿不到付款，混乱的状况也让客户火冒三丈。他看得出来，这里正在犯一些同样的错误。但是，维克托只是这个升级项目团队的八位成员之一，而董事长从未征求过他的意见。即使有人征求他的意见，维克托也不想让人觉得他在批评董事长。他对自己担心的问题绝口不提。

在权力距离一近一远两个极端之间，不同的文化和人会落在各种各样的位置。较近的权力距离意味着人们在文化上有着更加崇尚平等的态度。这并不意味着人们的行为始终能够体现平等，而是意味着人们会非常看重并优先考虑平等。较远的权力距离则意味着人们在文化上更能接受权力分配不平等的情况。但是请记住，这些文化上的比较是相对的。没有绝对的"远"或"近"之分。重点在于，与你打交道的人的权力距离相对于你自己来说是更远还是更近。这种相对差异会有助于你确定施加上行影响力的方式。

在权力距离较远的文化中，施加上行影响力时需要小心谨慎并尊敬对方

如果你想要影响的人的权力距离比你远，或者你周围的

文化权力距离相对较远，那么请谨慎行事。上行影响力可能会被视为对董事长影响员工这一自然秩序的威胁，从而导致事与愿违。请设法帮助对方在批准你的请求的同时，保持他们在别人眼中的地位。为此，在某些情况下，你可能需要让对方相信这个想法是他们自己的想法，或者向对方所尊敬的某人寻求帮助，请那个人在对方脑海中植入这个想法或是对你表示支持。

　　与权力距离较远的人打交道，也意味着你需要表现出适当的敬重。自信举止固然重要，但你需要适度，以免对方觉得你在试图威胁他们或是削弱他们的力量。请调整一下你的姿势，不要让自己占据的空间像地位更高的人一样大，并通过你的声音传达自信（第2章）。请运用软策略和理性策略（第2章），例如在真诚赞扬对方的同时以客观方式提供相关数据，还要确保你拥有信任关系（第3章）。

> **小贴士** 以下介绍了几个策略，不妨尝试一下：
>
> 向你试图影响的人所尊重的某人寻求支持，让那个人认可你的想法，以此提升你的地位。
>
> 在你的论点中展示出你的专业知识。比别人加倍努力进行准备，并对相关事实和数据了如指掌。
>
> 在尝试施加上行影响力之前，尽可能多地建立你的专家性

> 和参照性权力基础（第 3 章）。如果可以选择，请向你对
> 其最具专业性或参照性影响力的人提议。

在权力距离较远的文化中，员工可能会不愿直言

如果你是试图让员工畅所欲言的领导，那么你应该会采取不一样的策略。权力距离较远的文化并未广泛接受上行影响力，因此员工可能会不愿直言。即使在权力距离相对较近的文化中，员工也可能会不愿直言。在各行各业中，近40%的美国和加拿大员工告诉研究人员，他们认为不应该向领导质疑；另有30%的人表示，只有在领导要求他们发表意见的情况下，他们才会发表意见；其余30%的人愿意主动直言[9]。

如果你身为领导，正在设法营造更具参与性的文化，那么不妨尝试以下策略：

- 在一些权力距离较远的文化中，参与式管理可能会被视为"软弱"，因为这些文化期望董事长能够行事果断并掌控局面。表明你是主管者，通过运用自信的举止并向员工解释：你之所以选择采用更具参与性的风格，是因为这样会带来更好的结果，而不是因为你不知道答案。

- 解释你的期望和理由。如果你希望员工参与决策过程

并在他们不同意你的观点时据理力争，那么请向他们
解释你希望他们怎样做以及为什么这很重要。一个令
人信服的理由，例如："我发现这样一来，我们可以
做出更好的决策"，会有助于他们理解为什么他们应
该大胆这样做。

● 在第一次会议中，找一两个愿意的人来开这个头。如
果你反应积极、欢迎他们发表意见并欣赏他们对你提
出异议的做法，那么其他人也会慢慢开始接受。如果
你做出任何防御反应，那就只会证实他们所害怕的事
情，从而导致他们不敢开口。如果遇到员工非常不愿
直言的情况，那么你可能需要多举行几次会议，然后
才能让参与式文化在你的团队中扎下根来。

对于维克托来说，由于他在马来西亚的一家国际慈善
机构工作，该国在权力距离方面得分大于大多数其他国家或
地区，因此他很难确定自己的董事长是否愿意接受上行影响
力。但无论如何，维克托都应该尝试大胆直言并帮助公司避
免潜在的灾难。他可以采用以下方式去找他的董事长："我
在前公司也经历过类似的系统升级过程。我从中学到的一些
东西可能会有助于我们在这个项目中做得更好。如果我和您
分享一下这方面的经验，会不会对我们有所帮助？我可以把

它们写下来，也可以和您开个简短的会议进行分享。"假如董事长似乎对升级过程过于自鸣得意，维克托甚至可以补充道："在我的前公司，我们犯了一些严重错误，我们从这些错误中吸取的经验教训可以在这个项目中帮到我们。"如果维克托私下向董事长提出这一问题，董事长就可以判断自己是否需要建议以及建议是否有用。如果建议是无用的，那么董事长可以忽略它。无论采用哪一种方式，维克托都会因为自己有所行动而心里感觉好一些，而董事长会认为他是个努力提供帮助的人。

权力距离较低的文化情况如何呢？在权力距离较低的文化中，上行影响力可能是有益的。然而，即使在有利于上行影响力的环境中，对方也可能会没有你所想象的那么开放。霍夫施泰德发现，各种权力距离较低的文化也会存在很大差异，其中一些群体是认同权威主义价值观的[10]。请务必了解对方对于上行影响力的态度，以及他们对你想要提出的话题有何看法。

沟通坦率度：理解言语和信号背后的含义

菲比想不通为什么她还没有收到东京办事处对应同事的消息。在电话会议期间，她要求阳翔提供一些数据，而他似乎对此犹豫不决，虽然承认这件事会很困难，但实际上并没有说"不行"。菲比试图深入探究，问他为什么会很困难以及她能否帮上忙，然而他沉默以对，气氛一时很尴尬。最后，她干脆设定了一个截止日期，并说道："如果你难以在这个截止日期之前完成，请告诉我。"现在，已经过了截止日期十天，她还没有收到阳翔的消息。她一直在发电子邮件和打电话，但他似乎在回避她。

人们在不同文化中的沟通坦率度方面会存在差异，从比较直接或"低语境"的风格到比较间接或"高语境"风格皆有。低语境（比较直接）意味着无须了解语境即可理解含义，例如"请关上窗户"。高语境（不太直接）意味着必须了解语境才能理解含义，例如"这里变冷了"。当然，在这两个极端之间也存在一系列可能性，例如"麻烦你检查一下窗户有没有关上，好吗？"或"是不是有人没关窗户？"。这种文化差异是由人类学家爱德华·霍尔（Edward Hall）最早观察到的，他没有使用问卷，而是根据自己的观察结果指出了不同文化之间的相对差异[11]。

沟通坦率度与上行影响力密切相关，因为它会影响你对自己尝试施加影响力时收到的真实反应的理解能力。与更直接的文化或人打交道会直截了当：他们会告诉你他们对你的提议有何看法，而你要做的事情就是处理这些反馈。如果收到特别严厉的批评，也尽量不要生气。但是对于不太直接的人，你可能会不知道自己的提议已经被拒绝了。在与不太直接的人打交道时，可能会产生误解。

在美国等比较直接的文化中，人们可能会为了避免发生对抗而不批评你的提议，告诉你该提案"很好"，然后在背地里评论它。这种被动攻击行为不同于我们在不太直接的文化中看到的变相批评，因为它的目的是欺骗对方。变相批评的目的不是欺骗对方，但它可以伪装得极好，以至于不熟悉相关文化的人可能会觉得自己受到了欺骗。此外，不太直接的文化也会依靠非语言信号来表示拒绝，例如面部表情（嘴唇紧绷）或姿势（视线从对方身上移开）。如果你要与某个不太直接的文化打交道，那么你可能需要熟悉该文化的人，以此帮助你解读非语言信号。

小贴士 与不太直接的文化打交道时，请对非语言信号保持敏感。如有必要，可以请了解该文化的同事帮忙解读它们。

就菲比而言，如果她找一位日本朋友或同事咨询一下，就会发现阳翔之前传达的讯息"这件事会很困难"。这是一种礼貌的拒绝方式。她需要想出别的办法来获取数据，或是改为要求阳翔交付他能够提供的东西。由于过去十天里她一直在对他穷追不舍，这在他看来会是一种粗鲁无礼的做法。她可以说："对不起，我之前不明白你无法提供我找你要的数据。现在我明白了，我们可不可以换个方式再谈一次？我们重新审视一下我们的共同目标，然后讨论一下这些目标的其他实现方法吧。"如果他们要继续进行合作，她就需要投入一些时间来建立他们的关系，甚至可能需要去一趟东京办事处，与对方建立信任关系和友谊。

> **小贴士** 建立关系这件事在任何文化中都很重要，但在不太直接的文化中尤其重要。因为关系越牢固，对方就越有可能自如地传达负面讯息，你也越有可能理解对方试图传达的讯息。同时，你也不担心这样做会损害你们的关系。请重新审视信任的五个维度并利用它们来加强你们之间的关系。

"文化智商"是什么，我该如何培养它

文化智商是指适应新环境的能力，是指能够在新的"池塘"中畅游自如。在任何情况下，你的适应能力越好，你发挥影响力的机会就越大。心理学家洪洵（Soon Ang）及其同

事在对文化智商进行衡量时确定了四个维度，可以概括为头脑（认知）、内心（动力）、身体（行为）和策略（元认知）[12]。你需要具备文化智商的所有四个维度。

头脑：知道应该如何适应

要想获得关于不同文化的知识，你可以阅读书籍、参加课程或是与认同相关文化的人进行互动。与上行影响力格外密切相关的一个要点，是学习如何在该文化中表现出敬重。是否应该等到对方就座后再坐下？在称呼对方时，应该使用头衔还是直呼名字？虽然这些知识很有用，但不要想当然地认为认同该文化的每个人都是千篇一律的。在同一文化中长大的两个人并不会佩戴完全相同的文化镜片。他们的文化镜片会受到他们接触过的不同家庭、学校和组织以及他们自身个性所影响。请将你所了解的知识作为起点，同时在遇到没接触过的人时进行调整。

> **小贴士** 要了解在不同文化中表达敬重的方式。如果你要尝试在权力距离更高的文化中施加上行影响力，这一点尤其重要。但是，也要留意对方的行为方式是否像你所预期的那样，并相应地调整你的行为。

内心：觉得自己能够适应

如果你换了一个文化环境生活：这类情况可能包括在新的行业工作或是搬到你所在国家或地区的不同区域，那么你适应变化的动力和信心就变得很重要。如果无法适应，那么你在新环境中发挥影响力的能力可能会受到影响。如果你有动力但没有信心，请一步一步慢慢来。寻找志趣相投的人是一种很好的方法，这有助于你融入新的文化；例如，加入跑步俱乐部或艺术俱乐部。你可能会很想寻找认同你自己文化的人，但这种做法有时更有可能妨碍你而不是帮助你，这会导致你无法了解自己不熟悉的文化。当你适应新文化的能力越强时，就有越多机会让自己的声音更有分量。如果人们开始将你视为他们当中的一员，那么他们就更有可能听取你的想法。但如果人们将你视为进来之后试图改变他们的局外人，那么你很可能会遇到抵触。

小贴士　进入新的文化环境之后，先要花时间进行学习和适应，然后再提出改变。我曾在非营利组织、管理咨询行业和学术界工作过，无论是哪种情况，我都至少需要三到六个月，有时需要更长时间才能适应新环境。在适应期内，我会克制自己，不会提出批评或推动变革，因为我仍在试图了解各种行事方式背后的原因。在学术界，我花了

> 几年时间才完全了解其中的文化，才明白我可以改变什么、无法改变什么。

身体：展示你的适应能力

文化智商的行为维度需要你了解自身习惯以及自己对新行为规范的适应能力。例如，如果在你进入的文化环境中，人们在说话时彼此站得比你所习惯的距离更近，那么你可能会觉得对方在入侵你的个人空间。你可能会很难将自己的不适仅仅视为一种文化观点，也很难抵制站得离对方远一些的想法。如果你能培养自己对不适状态的意识和接受能力，明白这种不适反映了你自己的文化习惯，而这是可以改变的，你就能更快调整好自己的状态。

> **小贴士** 练习与认同另一种文化的人互动。最好能找到认同该文化的朋友，这样你就可以照搬他们的行为，直到这些行为让你觉得更自然。

策略：进行观察并加以调整

请注意你带入每次互动的假设，并根据对方的反应来调整这些假设以及你的行为。你可以将元认知视为自身的一部分，让它成为住在你脑海中的观察者。想象一下，你正在与某人交谈，而对方的反应和你预期的不一样。你自身的一部分会注意到这一点，即使你自身的另一部分正在进行谈话。这可能是一种直觉或是你脑海中的一个声音，它在告诉你"这次谈话不顺利"并促使你改变方向。这就是元认知，是监视你并帮助你进行调整的观察者。与不熟悉的人打交道时，如果你脑海中有一个积极的观察者、一个教练，那将会有助于防止出现严重失误。

> **小贴士** 请反思一下你进行的跨文化互动，尤其是那些让你觉得好像出了什么问题的互动。你可以与朋友一起进行这种反思，也可以在日记中进行。关键在于要给自己反馈，并思考一下你本可以采取哪些不一样的做法。这件事有时很简单，比如你意识到自己本应停下来询问对方一个问题"你对我刚才说的话有什么反应？"，而不是抱着没有说出来的假设继续讲下去。

文化会影响我们的价值观和信念。你对自己的文化有着越强烈的认同感，就会越难以割舍那部分价值观和信念。要想适应不同的行事方式，就需要扩展你对自己的看法，认清你可以拥有不同的文化认同。我们当中的大多数人都已经有了至少两种不同的认同：工作中的认同和在家中的认同。将文化视为另一种认同，是提高文化智商的第一步。

但是，我们该如何看待真实性，又该如何保持真我本色呢？如果你还记得第4章中关于成人发展阶段的讨论，那么你可能还记得有原则阶段。在这个阶段，"自我"由一组原则组成。不妨将这组原则想象成橡胶球内的金属芯。金属芯不会改变，而橡胶层具有延展性，可以适应不同的环境。我就是这样看待对不同文化的适应过程的。我的行为是橡胶层，我可以轻而易举地调整它，但核心保持不变。例如，我的核心原则之一是帮助他人学习和成长。如果我认为有人可以从我的反馈中受益，我就会提供反馈，哪怕那个人是我的董事长并且出身于权力距离更高的文化，即使他恰好是其他人不敢批评的人也不例外。实际上，提供反馈这件事会让我感到很紧张，但我认为这会对他有所帮助。因此，我对提供反馈的方式也深思熟虑，令我欣慰的是，他在收到反馈时很感激我。

文化会在不知不觉间渗透到我们生活中的方方面面，影响我们的态度和行为，让我们透过不同的文化镜片来解读相同的情况。你越能在意识到自己佩戴的文化镜片的同时尝试去透过别人的文化镜片看世界，你就会越善于调整你所传达的讯息并让自己的声音更有分量。

第四部分

制造积极的

变化

第7章
漫漫旅程，继续前行

至此，你拥有了有助于提高影响力的工具和技巧：磨炼非语言沟通、增强内在力量以及理解社交环境。但是，不要指望自己在一夜之间完成转变。这些技巧可能会颇具挑战性，而且进步速度也会因人而异，具体取决于你进行练习并获得反馈的机会。继续努力下去，你终将看到进步。不妨现在就给自己做个记录，以便与你明年或后年的情况进行比较。

在最后这一章中，我会分享一些有助于打开沟通渠道的技巧。当然，整本书的内容都与沟通有关，不过大部分内容都侧重于如何构思和传达讯息。在本章中，我会介绍如何进行倾听并与他人建立联系，尤其是在对方不愿听到或无法听到你精心构思的讯息时。在本章最后一部分会提供一个方便你参考的工具，其中概述了上行影响力所涉及的各个步骤，以此将本书前几章的内容融合在一起。

如何打开沟通渠道？

亚历克斯不明白自己做错了什么。在战略会议上，他一直无法说服首席执行官淘汰一条亏损的旧产品线，并将那些被它占用的资源投入一条前景光明的新产品线中。尤其令亚历克斯沮丧的是，这位首席执行官通常愿意听取他的想法。现在这项战略举措显然有助于公司提高利润和提升形象。亚历克斯收集了相关数据，精心构思出一个合理的论点，然后运用自信而友好的举止提出了自己的想法。他甚至在会前找其他经理聊过，他们在他提出想法之后表示支持他的提议。但是即便如此，也似乎没有任何效果。首席执行官不肯让步。

影响变革这件事即使在最好的情况下也可能会很困难，但如果你所做的一切似乎都正确无误，却仍然撞上了一堵无形的墙，这种情况尤其令人沮丧。有时候，就像亚历克斯遇到的情况一样，这种抵触会让人感到惊讶，因为你以前成功影响过对方。然而人是非常复杂且不可预测的，看似无关的事情可能会影响他们对你的提议的看法。也许家里的问题导致他们心不在焉，也许由于他们自己的想法刚刚被宣布无效，他们心里那股难受劲儿还没过去。也许你的想法让他们想起了过去不愉快的经历，或者他们觉得你的想法侵蚀了他们的领地。在这种情况下，你目前为止所学的影响力策略是不够的。你需要运用沟通策略来帮助你突破那堵无形的墙并打开沟通渠道。

就亚历克斯而言，在首席执行官那里碰钉子是一种信号，表明他需要了解更多信息。

亚历克斯可以请求与首席执行官开个后续会议，以便更好地了解他的观点，甚至可以在战略会议结束后私下找首席执行官谈谈。通过这种做法，亚历克斯能够以委婉的方式进行探究，而不会让首席执行官在一众同事面前感到为难，首席执行官也可能会更愿意坦陈自己的保留意见。只有让首席执行官觉得自己被倾听和被理解，他才会愿意听取亚历克斯的提议。只有完全理解了首席执行官的观点，亚历克斯才能从首席执行官的角度而不是他自己的角度提出建议。有了更加开放的沟通渠道，亚历克斯和首席执行官甚至有可能达成创造性的折中方案或是第三种选择。他们的后续讨论可能会这样进行：

亚历克斯：我看得出，您不喜欢我的提议。

首席执行官：没错。

亚历克斯：能不能多给我讲讲，您是怎么想的？

首席执行官：我们不能淘汰那条旧产品线，这么做太荒唐了。

亚历克斯：所以，您觉得淘汰旧产品线是个错误。

首席执行官：当然！那条产品线是这家公司的核心和灵魂。

亚历克斯：所以，您觉得那条产品线是这家公司的核心元素，对吗？

首席执行官：嗯，就是这样！我们创造它时，就是打算让它成为旗舰产品的，而它也确实成了旗舰产品。

（亚历克斯默默点头，等待首席执行官继续讲下去。）

首席执行官：这个概念曾经在我脑海中酝酿多年，我知道市场存在空白，但直到加入这家公司之后，我才投入时间将它变为现实。人人都喜欢它，它的确让我们脱颖而出。客户一想到我们公司，就会想到这款产品。

亚历克斯：我明白您的意思。如果人们将公司名称与一款特定产品联系在一起，那么淘汰这款产品就像淘汰公司的一部分。这种做法还可能会激怒忠实客户。

首席执行官：没错，我就是这个意思！你说得实在太好了。

亚历克斯：好的，我明白在这方面维护公司形象的重要性。但是您觉不觉得我们可以让它焕发新活力、让它吸引更年轻的新客户？您也知道，这款产品的销量已经停滞了几年。如果我们有办法在对它进行更新的同时仍然保留核心元素，那就太好了。

首席执行官：嗯，没错。我明白你的意思。如果销售停滞不前，我们可能需要让它焕发新活力。那让我们来研究一下吧。

如你所见，在这次谈话中，亚历克斯大部分时间都在试图理解首席执行官的观点，而没有试图反驳。他的目标是充分理解这个观点，以便他能够采用让首席执行官觉得他可以完全理解自己的方式，向首席执行官解释他的提议。一旦首席执行官觉得自己被理解，他就会愿意听取亚历克斯的观点。一旦亚历克斯完全理解了首席执行官的观点，他就能够对自己的提议进行调整，使其更具吸引力。

> **小贴士** 当你遇到意想不到的抵触时，不要用力去推那堵无形的墙。恰恰相反，请拿出你的好奇心。进一步了解导致抵触的原因。花点时间充分理解这些原因，然后向对方核实你的理解是否正确。只有这样，你才能够相应地调整你的方法。

心理拥有感可能会导致抵触

在这个案例中，亚历克斯发现的东西看起来很像"心理拥有感"，也就是某人将某个问题视为自己的问题之一[1]。

首席执行官觉得自己对旧产品拥有心理上的拥有感，因为这是他的创意成果，这使得亚历克斯最初的提议看起来像是一种威胁——不仅威胁到了该产品，还威胁到了首席执行官本人以及他对该产品的认同感。心理拥有感有多种形成途径，包括获得对流程或产品的控制权；对它投入大量时间、精力和注意力；或者只是随着时间推移而对它有了亲切熟悉的感觉。它也可能在任何情境下发生：父母可能会觉得自己对家务事的处理方式有拥有感，街坊邻居可能会觉得自己对社区派对的举办方式有拥有感，委员会成员可能会觉得自己对某项特定倡议有拥有感。

当然，说到心理学，我们很难预测别人的态度。例如，身为教师，我开发了几门新课程，所以在你看来，我会觉得自己对所有这些课程有心理拥有感。事实上，对于其中一些课程，我不大觉得自己对它们有拥有感，并且很乐意将它们交给其他同事；而对于另外一些课程，我确实觉得自己倾注了许多心血，并且不愿让别人引入变化。二者的区别在于我在多大程度上将相关课题视为自己教师身份的一部分。要想弄清楚导致抵触的原因是不是心理拥有感，最好的方法就是打开沟通渠道，正如亚历克斯所做的那样。

小贴士 如果你遇到了心理拥有感的人，请放慢步调并让对方参与进来，从而让他们觉得自己好像在帮助发起变革。也就是说，与其大力推进一厢情愿的变革计划，不如暂停一下并征求对方的意见。让这件事成为你们共同努力去做的事情，由此给对方带来一种掌控感，同时缓解他们觉得自己受到威胁的感觉。如有可能，建议进行较小的增量变革，而不是进行一场大变革，尤其是在大变革会破坏对方创造成果的情况下，他们可能更愿意接受被看作是做加法（增强他们创造的东西）而不是做减法（消除其中的一部分）的变革[2]。

心理拥有感只是可能会导致抵触的原因之一。还有许多其他的原因可能会导致某人听不进去你精心准备的论点。要想找出真实原因，方法只有一个，那就是询问、倾听和核实，就像亚历克斯所做的那样。当我们撞上一堵无形的抵触之墙时，我们的第一反应往往是愤怒和沮丧；但是，如果你想要找到机会在这堵墙上开个口子，那么最有成效的反应就是好奇心。通过设法更好地了解对方，你可以打开沟通渠道并建立信任。这让你有机会从他们的角度而不是你自己的角度来解释你的提议。

怎样才能避免造成沟通障碍？

有时候，我们自己的言行可能会导致抵触；例如，如果未能倾听或者表现出不屑一顾的态度，就可能会引发对方的愤怒和防御心理，从而导致沟通中断。我们怎样才能避免给自己制造障碍呢？

谈判专家罗杰·费希尔（Roger Fisher）在《谈判力》（*Getting to Yes*）一书中，给出了一种解释：沟通中断往往是因为未能解决某人可能非常关心的一个或多个核心问题[3]。与上行影响力最密切相关的核心问题包括：

- **联系**：需要觉得自己与他人之间存在着联系。这个问题的解决方法是建立融洽关系并寻找共同点，而不是将对方视为敌人。就亚历克斯而言，他本可以运用硬策略来回应首席执行官的抵触，例如告诉其他高级领导并让他们帮助他向首席执行官施压。然而，他选择尝试与首席执行官建立联系并理解他的抵触。

- **欣赏**：需要觉得自己是个有价值的人。这个问题的解决方法是发现对方所做事情的优点，而不是忽视或批评他们付出的努力。亚历克斯能够欣赏首席执行官创造出的旧产品的价值，而没有不屑一顾地认为它已经过时或无关紧要。

- **地位：** 需要觉得自己受到尊重。这个问题的解决方法是尊重对方，而不是让他们觉得自己做了错事、坏事或蠢事。亚历克斯私下找首席执行官谈话，而没有在会议上询问他，从而避免了让首席执行官面子挂不住。如果亚历克斯在会议中催促首席执行官解释他为什么抵触，那么首席执行官可能会寸步不让，以免自己显得软弱无能或优柔寡断。

根据你想要影响的人，某些问题的优先级可能会高于其他问题。例如，如果你去找的董事长是个缺乏安全感的人，那么需要重点关注的问题可能是地位。也就是说，让他自我感觉良好并觉得这个想法像是他的一样。当然，尽管如此，欣赏和联系也仍然很重要。

小贴士 在尝试施加上行影响力之前，请考虑这些核心问题，并对你要采取的方法做出相应规划。例如，不妨在正式会议之前邀请对方喝杯咖啡，以便建立融洽关系（联系）。在谈话过程中，始终重点关注这三个问题，以使继续表示好感（联系）、认可对方做出的贡献（欣赏）并尊重对方的专业知识（地位）。

有一次，我在和一位新同事的互动中被弄了个措手不及，因为我没有考虑到上述问题，也没有采取正确的态度。我一直和另一位同事一起教授一门课程，当新同事加入时，他得知自己会成为我们教学团队中的一员。遗憾的是，他以为他会自己开一门课程，而我们也没想到会有第三位教师加入进来。当我们开会决定如何分工时，他开始建议对课程进行改动，而我们并不希望进行这些改动。我们试图礼貌地拒绝他的建议，他突然对我俩大喊："你们戒心太重了！何必戒心这么重呢？"突然爆发的怒火让我们震惊不已，因此，会议匆匆结束了。事后一回想，我才意识到我们忽略了所有核心问题，我们没有尝试建立联系。我们在会议之前没有与他建立任何融洽关系；没有欣赏之情，因为我们拒绝了他的所有想法；而且很可惜，我们没有承认他在小组中的地位，因为我们没有承认他的专业知识。

这些核心问题构成了一份非常有用的核对清单，大多数互动中都会出现这些需求。此外，请管理一下脑海中的声音。与其将对方视为对手，不如在走进互动时让脑海中的声音对你说"我们要一起去做这件事"，并提醒自己想一想你们共同的目标。采取这种态度将有助于你打开沟通渠道，并且会让你更有可能获得积极的结果。

试试这样做：考虑利益，而不是立场

在试图影响某人之前，不妨尝试一下我们会在伦敦政治经济学院的谈判技巧课程中教授的这个练习[4]。与其关注你的立场（你想要什么），不如考虑一下你的根本利益（你为什么想要它）和对方的利益。如果你不了解他们的利益，那就尝试通过调查研究或是直接询问他们来找出答案。花些时间提前把它们写下来，并利用它们来思考哪些不同的结果可以达到你的总体目标。如果重点关注利益（"我为什么要关心这个？"）而不是立场（"我想要什么？"），由此得出的解决方案就更有可能对双方具有吸引力。

例如，亚历克斯的立场是要淘汰旧产品线，并将资源转移到新产品线。首席执行官的立场是要保留旧产品线。如果他们一心想着这些立场，那么最后总有一个人必须做出让步并以失败告终。只有关注利益，才能实现双赢。亚历克斯的利益在于让公司不再过分拘泥于过去，从而提升公司的利润和形象。首席执行官的利益在于保留他心目中的公司核心身份。如果讨论利益、优先事项和关注问题，那么就有可能另辟蹊径，得出创造性双赢解决方案。

不要忘记讯息和时机

有研究发现，中层管理者试图向高级管理层建言时，如果能够量身定制他们要传达的讯息并选择正确的时机，就可以获得最成功的结果[5]。虽然这两个要素的重要性可能显而易见，但我还是要提醒你注意它们。当我们试图影响变革时，我们很容易专注于我们想说的话，而不是量身定制的相关讯息；我们也很容易陷入自己的紧迫感，而无法保持耐心。

- **量身定制相关讯息**：你必须了解自己的受众并针对他们调整相关讯息，包括了解他们的目标并相应地构建讯息、收集他们会觉得有说服力的证据，以及了解他们会有哪些类型的反对意见。例如，如果你要向财务总监建言，那么论点可以着眼于经济利益；如果你要向人力资源总监建言，那么论点可以着眼于提高员工的敬业度和投入度。

- **注意时机**：时机就是一切。如果董事长心情好，他们就更有可能接受你的提议。如果你的提议与当前策略一致，他们就更有可能予以考虑。请耐心等待正确的时机。在尝试施加影响力这件事上，成功者的共同点在于选择了恰当的时机，而失败者的共同点在于没有考虑时机[6]。

将所有内容融合在一起

本书的最后一部分为你提供了一个简便的参考工具，你可以借助它来提醒自己注意上行影响力所涉及的步骤，并确定自己需要多加努力的领域，然后可以回顾相关章节，了解更多详细信息。

第一阶段：奠定基础

提高影响力的第一个阶段是在自己身上下功夫。这将为日后所有尝试施加上行影响力的做法奠定基础。

（1）认识自己

认识自己的一个核心要素，是了解自己处在哪个发展阶段，以及内心的声音来自哪里。你会设法取悦周围的人吗？还是说，你制定了自己的一套指导原则？本书可以帮助你深入了解你可能佩戴着什么样的文化镜片。对于文化镜片，我们的目标不是改变它们（它们根深蒂固），而是要意识到它们可能会与别人的文化镜片发生什么样的冲突或相互作用。文化智商可以帮助你培养这种意识并相应地适应环境。即使你没有生活在不同的文化中，磨炼文化智商也有助于你适应我们在一个国家或地区的不同地域、组织中的不同部分甚至不同专业人士群体之间发生的细微文化差异。

- 找到内心的声音和权威（第4章）

- 留意并控制你脑海中的声音（第4章）

- 注意你所佩戴的文化镜片（第5章和第6章）

- 评估和培养文化智商（第6章）

（2）增强自己的精神和情感力量

要想拥有影响力，就需要增强你的内在力量和韧性。为此，要管理消极情绪、提升积极情绪、挑战自我并磨炼从失败中恢复过来的能力。建立自己的声誉（权力基础）和影响圈也有助于增强韧性和自信。你的声誉和影响圈不是一成不变的，会受到新同事或新职务等变化的影响。当你承担新的责任或是经历改变生活的事件（如结婚或为人父母）时，你脑海中的声音可能也会发生变化。进行正念练习会有助于你注意到自身和环境的变化。自我意识是进行调整、获得提升和实现成长的第一步。

- 管理消极情绪和练习正念（第3章）

- 促进积极情绪，找到生活的意义感和目标感（第3章）

- 通过将失败视为学习机会来培养韧性（第3章）

- 由内而外增强信心（第3章）

- 建立专家性权力和参照性权力（第3章）

- 扩大影响圈（第4章）

（3）增强自己的身体力量

要想拥有影响力，除内在力量之外，还需要表现出外在的力量和自信。要掌握四个沟通渠道，尤其是三个非语言渠道（声音、触碰和外表）。练习运用自信的举止并给自己录像，以了解自己表现如何。你向世界展现的面貌固然重要，而外表之下的身体力量也同样重要。越来越多证据表明，定期进行体育活动对于我们的心理健康和情绪健康至关重要[7]。保持健康的身体有助于你向世界展示强大而自信的面貌。当我们人到中年时，肌肉量开始流失，这时体育活动就会变得更加重要。请选择一种你喜欢的锻炼方式，并照顾好自己的身体、精神和情绪。

- 磨炼你的非语言沟通技巧和自信举止（第1章和第2章）
- 定期参加体育活动，保持健康强壮的身体

第二阶段：为尝试施加影响力的具体行动做准备

确定自己需要施加上行影响力之后，不要不假思索地马上开始行动并把事情往好处想。正如我在谈判技巧课程中教授的那样，准备是成功的关键。请花些时间对相关情况进行

评估并做好准备。

（1）了解目标对你的看法

想一想对方会如何看待你。他们是否尊重你的能力（专家性权力）、喜欢和你共事（参照性权力）并信任你？如果不是的话，请重新考虑你的策略。要么选择其他目标，要么换个人来提出问题。

- 评估你在目标眼中的声誉：专家性权力、参照性权力、信任（第3章）

（2）采用为目标量身定制的方法

尽可能多地研究对方，包括他们的利益、优先事项和关注问题。可能会有一些同事曾经成功让自己的提议得到对方批准，或者成功让对方改变主意，如果你认识这样的同事，不妨弄清楚他们采取了哪些有效的做法。请收集最有说服力的信息，然后构思你的论点。

- 考虑对方的利益、优先事项和关注问题，并将它们与你自己的情况进行比较，从而得出多种可能与你设法实现的目标相契合的结果（第7章）
- 评估对方对相关问题的心理拥有感，并根据需要调整

你的方法（第7章）

- 尝试确定对方佩戴的文化镜片，然后相应地构思你要传达的讯息（第5章和第6章）

- 对讯息进行量身定制，并收集对于对方最有说服力的数据（第7章）

- 利用西奥迪尼的原则来准备你的论点（第2章）

- 考虑核心问题（联系、欣赏、地位）并找到解决方法（第7章）

- 注意时机（第7章）

第三阶段：尝试施加上行影响力的做法

在谈话过程中，尽量保持积极的态度，并运用有效的沟通技巧。

（1）采取积极的态度

积极的态度包括将对方视为合作伙伴而不是对手，以及牢记核心问题。

- 选择一个可以促进合作氛围的触发器，例如"我们要一起去做这件事"（第4章）

- 始终重点关注核心问题，要记得表现出对对方的好感（联系）、对他们所作贡献的认可（欣赏）以及对他

们专业知识的尊重（地位）（第7章）

（2）练习有效的沟通技巧

施加上行影响力这件事不同于正式辩论。事实上，如果你是一位经验丰富的辩手，那么你需要摒弃那种斗志昂扬的单向沟通方式。不要想方设法以理服人，而是应该努力让对方和你站在一起，这样他们就会愿意做你所建议的事情。请保持好奇心、用心倾听并表达欣赏和尊重。

- 运用软策略，以真诚的非操纵性方式建立融洽关系（第2章）
- 运用理性策略，确保你的论点始终着眼于问题、数据和共同目标，而不是人身攻击（第2章）
- 关注利益而非立场，寻求双赢解决方案（第7章）
- 如果遇到抵触，请退后一步并了解更多信息，而不是给对方施加更大压力（第7章）

第四阶段：进行反思并重新组合

如果你想要提升影响力的相关技能，请务必在事后花些时间思考一下哪些方面进展顺利，又有哪些方面下次可以采取不一样的做法。你可以事后简单地随手做一下笔记，也可以周五抽时间回顾一下你在这一周里参加过的不同会议。要趁着你遇到的这些情况在你脑海中还留有鲜活印象时进行反思；请保留你的笔记，并不时进行回顾。即使你忘记了回顾笔记，单是做笔记这一行为本身也有助于明确下次应该采取哪些不一样的做法。有时候，向朋友或同事进行口头汇报可以帮你进一步理清思路。如果对你来说问题出在情绪方面，那么第三个人的看法可能会有所帮助，因为你在判断哪些方面进展顺利或不顺时可能会不够客观。

- 对互动进行反思：哪些方面进展顺利，又有哪些方面下次可以采取不一样的做法。
- 如果尝试失败，请从失败中吸取教训，然后再试一次，但要采用不同的策略。也许你没有去找正确的人谈，或者没有在正确的会议上提出问题。或者，也许你找对了人，但选错了时间（第3章）
- 如果情况显然不会改变，那就改变你的态度。把精力集中在你的影响圈和你可以控制的行动上（第4章）

以上介绍了一个理想情景，在这个情景中，你有时间进行准备，并且能够获得你需要的信息。每次你想影响某人时都遵循所有这些步骤是不现实的。但是，如果熟悉这些步骤，你就可以有意识地决定哪些尝试施加影响力的行动值得投入时间，而且随着这些步骤对你来说变得越来越自然，你可能会越来越频繁地运用它们。如果你想要影响某人，但在准备阶段没有时间进行研究，那么请重点运用本章所述的技巧保持沟通渠道的畅通。保持好奇心、进行倾听并表达欣赏和尊重，这有助于让对方听进去你所传达的讯息。

"千里之行，始于足下。"让自己的声音更有分量这件事可能会困难重重，可能会令人望而生畏，也可能需要花费大量时间。然而，这也是人类的一种基本需求，并且可以制造积极的变化。如果你在自己身上投入时间和精力，你就会惊讶于自己的影响圈可以实现大幅度的增长。读完这本书，你的旅程就已经迈出了第一步。随着你变得更加自信、更有影响力，也请与他人分享你的旅程，并帮助他们找到自己的声音。让自己的声音更有分量，不仅可以增强自身力量，还可以激励周围的人。

参考资料

导言

1. Morrison, E W（2011）, Employee voice behavior: Integration and directions for future research. *Academy of Management Annals*, 5（1）: 373–412.

2. 苏珊·阿什福德（Susan Ashford）和简·达顿（Jane Dutton）创造了这一术语，并发表了多项相关研究，包括 Dutton, J, Ashford, S, O'Neill, R & Lawrence, K（2001）, Moves that matter: Issue selling and organizational change, *Academy of Management Journal*, 44（4）: 716–736; Ashford, S J, Rothbard, N P, Piderit, S K & Dutton, J E（1998）, Out on a limb: The role of context and impression management in selling gender-equity issues. *Administrative Science Quarterly*, 43（1）: 23–57.

3. Miceli, M P & Near, J P（1984）, The relationships among beliefs, organizational position, and whistle-blowing status: A discriminant analysis. *Academy of Management Journal*, 27（4）: 687–705; Miceli, M P & Near, J P（1992）, *Blowing the whistle: The organizational and legal implications for companies and employees*. New York: Lexington Books.

4. Hirschman, A O（1970）, *Exit, voice, and loyalty: Responses to decline in firms, organizations, and states*. Cambridge, MA: Harvard University Press; Withey, M J & Cooper, W H（1989）, Predicting exit, voice, loyalty, and neglect. *Administrative Science Quarterly*, 34（4）: 521–539.

5. Whiting, S W, Podsakoff, P M & Pierce, J R（2009）, Effects of task performance, helping, voice and organizational loyalty on performance appraisal ratings. *Journal of Applied Psychology*, 93: 125–139.

6. Kipnis, D & Schmidt, S M（1988）, Upward-influence styles: Relationship

with performance evaluations, salary, and stress. *Administrative Science Quarterly*, 33（4）: 528–542; Wayne, S J, Liden, R C, Graf, I K & Ferris, G R（1997）, The role of upward influence tactics in human resource decisions. Personnel Psychology, 50: 979–1006; Yukl, G & Tracey, J B （1992）, Consequences of influence tactics used with subordinates, peers, and the boss. *Journal of Applied Psychology*, 77（4）: 525–535.

7. Schilit, W K & Locke, E A（1982）, A study of upward influence in organizations. *Administrative Science Quarterly*, 27（2）: 304–316.

8. Falbe, C M & Yukl, G（1992）, Consequences for managers of using single influence tactics and combinations of tactics. *Academy of Management Journal*, 35（3）: 638–652; Yukl, G & Tracey, J B（1992）, Consequences of influence tactics used with subordinates, peers, and the boss. *Journal of Applied Psychology*, 77（4）: 525–535.

第1章

1. Mehrabian, A（1971）, *Silent Messages*. Belmont, CA: Wadsworth Publishing Company.

2. 如果读者对梅拉比安得出这公式所依据的原始研究感兴趣，请参阅：Mehrabian, A & Ferris, S R（1967）, Inference of attitudes from non-verbal communication in two channels. *Journal of Consulting Psychology*, 31（3）: 248–252; Mehrabian, A & Wiener, M（1967）, Decoding of inconsistent communications. *Journal of Personality and Social Psychology*, 6（1）: 109–114.

3. Awamleh, R & Gardner, W L（1999）, Perceptions of leader charisma and effectiveness: The effects of vision content, delivery, and organizational performance. *Leadership Quarterly*, 10: 345–373.

4. https://www.bbc.co.uk/news/41913640.

5. Antonakis, J, Fenley, M & Liechti, S（2011）, Can charisma be taught? Test of two interventions. *Academy of Management Learning and Education*, 10（3）: 374–396.

6. Murphy, N A（2007）, Appearing smart: The impression management of intelligence, person perception accuracy, and behavior in social interaction. *Personality and Social Psychology Bulletin*, 33（3）: 325–339.

7. Neeley, T B（2013）, Language matters: Status loss and achieved status distinctions in global organizations. *Organizational Science*, 24（2）: 476–497.

8. Gluszek, A & Dovidio, J F（2010）, The way they speak: A social psychological perspective on the stigma of non-native accents in communication. *Personality and Social Psychology Review*, 14（2）: 214–237.

9. Huang, L, Frideger, M & Pearce, J L（2013）, Political skill: Explaining the effects of non-native accent on managerial hiring and entrepreneurial investment decisions. *Journal of Applied Psychology*, 98（6）: 1005–1017.

10. Huang, L, Frideger, M & Pearce, J L（2013）, Political skill: Explaining the effects of non-native accent on managerial hiring and entrepreneurial investment decisions. *Journal of Applied Psychology*, 98（6）: 1005–1017.

11. https://www.rejectiontherapy.com/100-days-of-rejectiontherapy/.

12. Sussman, N M & Rosenfeld, H M（1982）, Influence of culture, language, and sex on conversation distance. *Journal of Personality and Social Psychology*, 42: 66–74.

13. Riggio, R E（2005）, Business applications of non-verbal communication. Chapter 6 in R E Riggio & R S Feldman,（Eds.）, *Applications of Non-verbal Communication*. New Jersey: Lawrence Erlbaum Associates.

14. Deryugina, T & Shurchkov, O（2015）, Now you see it, now you don't:

The vanishing beauty premium. *Journal of Economic Behavior and Organization*, 116: 331–345.

15. Tannen, D（1995）, The power of talk: Who gets heard and why. *Harvard Business Review*, Sept–Oct, 138–148.

16. Wansink, B (2006), *Mindless Eating: Why we eat more than we think*. London: Hay House.

17. Riggio, R E (2005), Business applications of non–verbal communication. Chapter 6 in R E Riggio & R S Feldman, (Eds.), *Applications of Non-verbal Communication*. New Jersey: Lawrence Erlbaum Associates.

18. This study used a large survey data set in which interviewers rated participants' personality, attractiveness and grooming on a 1–5 scale from below average to above average. Robins, P K, Homer, J F & French M T (2011), Beauty and the Labor Market: Accounting for additional effects of personality and grooming. *Labour*, 25(2): 228–251.

19. Deryugina, T & Shurchkov, O (2015), Now you see it, now you don't: The vanishing beauty premium. *Journal of Economic Behavior and Organization*, 116: 331–345.

20. Tannen, D (1995), The power of talk: Who gets heard and why. *Harvard Business Review*, Sept – Oct, 138–148.

21. Babcock, L & Laschever, S (2007), *Why Women Don't Ask: The High Cost of Avoiding Negotiation-and Positive Strategies for Change*. London: Piatkus.

22. Gesteland, R R (2012), *Cross-Cultural Business Behaviour: A Guide for Global Management*, 5th edition. Copenhagen Business School Press.

23. https://www.catalyst.org/2015/03/16/five–things–to–sayinstead–of–sorry/.

第2章

1. 我指的是约瑟夫·伯杰（Joseph Berger）及其同事对"状态特征理论"的研究。在这项研究中，"状态"和"影响"可以互换使用：对最终群体决策有影响是一个状态指标。参见 Berger, J, Cohen, B P & Zelditch, M, Jr（1972），Status characteristics and social interaction. *American Sociological Review*, 37（3）: 241–255 and Berger, J, Webster, Jr, M, Ridgeway, C & Rosenholtz, S（1986），Status Cues, Expectations, and Behaviors. In *Advances in Group Processes*, vol. 3, edited by Edward J Lawler. Greenwich, CT: JAI Press.

2. Bunderson, J S（2003），Recognizing and utilizing expertise in work groups: A status characteristics perspective. *Administrative Science Quarterly*, 48（4）: 557–591.

3. Fisek, M H, Berger, J & Norman, R Z（2005），Status cues and the formation of expectations. *Social Science Research*, 34: 80–102.

4. Driskell, J E, Olmstead, B & Salas, E（1993），Task cues, dominance cues, and influence in task groups. *Journal of Applied Psychology*, 78（1）: 51–60; Ridgeway, C L（1987），Non-verbal behavior, dominance, and the basis of status in task groups. *American Sociological Review*, 52（5）: 683–694.

5. Hall, J A, Coats, E J & LeBeau, L S（2005），Non-verbal behavior and the vertical dimension of social relations: A meta-analysis. *Psychological Bulletin*, 131（6）: 898–924.

6. 这一节确定的非语言线索基于以下研究：Awamleh, R & Gardner, W L（1999），Perceptions of leader charisma and effectiveness: The effects of vision content, delivery, and organizational performance. *Leadership Quarterly*, 10: 345 373; Driskell, J E, Olmstead, B & Salas, E（1993），Task cues, dominance cues, and influence in task groups. *Journal of Applied Psychology*, 78: 51–60; Holladay, S J & Coombs, W T（1994），Speaking of visions and visions being spoken: An exploration of the effects of content

and delivery on perceptions of leader charisma. Management *Communication Quarterly*, 8: 165–189; Locke, C C & Anderson, C（2015）, The Downside of Looking Like a Leader: Power, Non–verbal Confidence, and Participative DecisionMaking. *Journal of Experimental Social Psychology*, 58: 42–47; Ridgeway, C L（1987）, Non–verbal behavior, dominance, and the basis of status in task groups. *American Sociological Review*, 52: 683–694.

7. Dovidio, J F & Ellyson, S L（1982）, Decoding visual dominance: Attributions of power based on relative percentages of looking while speaking and looking while listening. *Social Psychology Quarterly*, 45（2）: 106–113.

8. Judge, T A, LePine, J A & Rich, B L（2006）, Loving yourself abundantly: relationship of the narcissistic personality to selfand other perceptions of workplace deviance, leadership, and task and contextual performance. *Journal of Applied Psychology*, 91（4）: 762–776.

9. Nevicka, B, Van Vianen, A E M, De Hoogh, A H B & Voorn, B C M（2018）, Narcissistic leaders: An asset or a liability? Leader visibility, follower responses, and group–level absenteeism. *Journal of Applied Psychology*, 103（7）: 703–723.

10. Brown, N（2002）, *Working with the Self-Absorbed: How to handle narcissistic personalities on the job*. Oakland, California: New Harbinger Publications, Inc.

11. Johnson, R E, Silverman, S B, Shyamsunder, A, Swee, H–Y, Rodopman, O B, Cho, E & Bauer, J（2010）, Acting superior but actually inferior?: Correlates and consequences of workplace arrogance. *Human Performance*, 23: 403–427.

12. Locke, C C & Anderson, C（2015）, The Downside of Looking Like a Leader: Power, Non–verbal Confidence, and Participative Decision–Making. *Journal of Experimental Social Psychology* 58: 42–47.

13. Kipnis, D, Schmidt, S M & Wilkinson, I（1980）, Intraorganizational

influence tactics: Explorations in getting one's way. *Journal of Applied Psychology,* 65（4）: 440–452; Yukl, G & Falbe, C M（1990）, Influence tactics and objectives in upward, downward, and lateral influence attempts. *Journal of Applied Psychology*, 75（2）: 132–140.

14. Kipnis, D & Schmidt, S M（1988）, Upward-influence styles: Relationship with performance evaluations, salary, and stress. *Administrative Science Quarterly*, 33（4）: 528–542; Wayne, S J, Liden, R C, Graf, I K & Ferris, G R（1997）, The role of upward influence tactics in human resource decisions. Personnel Psychology, 50: 979–1006; Yukl, G & Tracey, J B（1992）, Consequences of influence tactics used with subordinates, peers, and the boss. *Journal of Applied Psychology*, 77（4）: 525–535.

15. Falbe, C M & Yukl, G（1992）, Consequences for managers of using single influence tactics and combinations of tactics. *Academy of Management Journal*, 35（3）: 638–652.

16. Brehm, J W 1966. *A theory of psychological reactance.* New York: Academic Press; Brehm, S S & Brehm, J W 1981. *Psychological reactance: A theory of freedom and control.* New York: Academic Press.

17. Cialdini, R B（2001）, Harnessing the science of persuasion. *Harvard Business Review*, 79（9）: 72–79.

18. Grant, A（2013）, *Give and Take: Why helping others drives our success.* London: Orion Publishing Group.

第3章

1. French, J R P & Raven, B H（1959）, The bases of social power. In D Cartwright（Ed）, *Studies in Social Power,* 150–167. Ann Arbor, MI: Institute for Social Research.

2. 虽然弗伦奇和雷文没有定义他们对"参照性"一词的用法，但他们举例说明了什么样的人会被视为榜样。我们由此可以理解为：参照性权力来自目标将影响者视为他们所认同的参考标准。

3. Newport, C（2016），*So Good They Can't Ignore You: Why skills trump passion in the quest for work you love*. London: Piatkus.

4. Newport, C（2016），*So Good They Can't Ignore You: Why skills trump passion in the quest for work you love*. London: Piatkus.

5. Flynn, J, Heath, K & Holt, M D（2011），*Break Your Own Rules: How to change the patterns of thinking that block women's paths to power*, p.89. San Francisco: Jossey–Bass.

6. Falcao, H, Chan, S & Gouveia, R（2014），Teaching Note for *Running a Tight Ship: Save the World Foundation Budget Negotiation*. INSEAD case studies.

7. Gratz, K L & Roemer, L（2004），Multidimensional assessment of emotion regulation and dysregulation: Development, factor structure, and initial validation of the difficulties in emotion regulation scale. *Journal of Psychopathology and Behavioral Assessment*, 26（1）: 41–54.

8. Chiesa, A, Serretti, A & Jakobsen, J C（2013），Mindfulness: Top–down or bottom–up emotion regulation strategy? *Clinical Psychology Review*, 33: 82–96.

9. 为我提供"幼儿园老师"这一比喻的治疗师是吉姆·莱尔曼（Jim Lehrman），http://JimLehrman.com.

10. Chiesa, A, Serretti, A & Jakobsen, J C（2013），Mindfulness: Top–down or bottom–up emotion regulation strategy? *Clinical Psychology Review*, 33: 82–96.

11. Dweck, C S（2017），*Mindset: Changing the way you think to fulfil your potential*. London: Robinson.

12. Duckworth, A（2017），*Grit: Why passion and resilience are the secrets to success*. London: Vermilion.

13. Ericsson, A & Pool, R（2016）, *Peak: How all of us can achieve extraordinary things*. London: Vintage.

14. Ericsson, A & Pool, R（2016）, *Peak: How all of us can achieve extraordinary things*, p.19. London: Vintage.

15. Keltner, D, Gruenfeld, D H & Anderson, C（2003）, Power, approach, and inhibition. *Psychological Review*, 110（2）: 265–284; Guinote, A（2017）, How power affects people: Activating, wanting, and goal seeking. *Annual Review of Psychology*, 68: 353–381.

16. Galinsky, A, Gruenfeld, D H & Magee, J C（2003）, From power to action. *Journal of Personality and Social Psychology*, 85（3）: 453–466.

17. Lammers, J, Dubois, D, Rucker, D D & Galinsky, A D（2013）, Power gets the job: Priming power improves interview outcomes. *Journal of Experimental Social Psychology*, 49（4）: 776–779.

18. https://www.ted.com/talks/amy_cuddy_your_body_language_shapes_who_you_are.

19. Carney, D R, Cuddy, A J C & Yap, A J（2010）, Power posing: Brief nonverbal displays affect neuroendocrine levels and risk tolerance. *Psychological Science*, 21（10）: 1363–1368.

20. Ranehill, E, Dreber, A, Johannesson, M, Leiberg, S, Sul, S & Weber, R A（2015）, Assessing the robustness of power posing: No effect on hormones and risk tolerance in a large sample of men and women. *Psychological Science*, 26（5）: 653–656.

21. Cuddy, A J C, Wilmuth, C A, Yap, A J & Carney, D R（2015）, Preparatory power posing affects nonverbal presence and job interview performance. *Journal of Applied Psychology*, 100（4）: 1286–1295.

22. McMahan, E A & Estes, D（2011）, Hedonic versus eudaimonic

conceptions of well–being: Evidence of differential associations with self–reported well–being. *Social Indicators Research*, 103（1）: 93–108.

23. Ryff, C D（2017）, Eudaimonic well–being, inequality, and health: Recent findings and future directions. *International Review of Economics*, 64: 159–178.

24. Grant, A M（2008）, The significance of task significance: Job performance effects, relational mechanisms and boundary conditions. *Journal of Applied Psychology*, 93: 108–124.

25. Cameron, J（1993）, *The Artist's Way: A Course in Discovering and Recovering Your Creative Self*. London: Pan Books.

26. Grant, A M (2008), The significance of task significance: Job performance effects, relational mechanisms and boundary conditions. *Journal of Applied Psychology*, 93: 108–124.

27. Cameron, J (1993), *The Artist's Way: A Course in Discovering and Recovering Your Creative Self*. London: Pan Books.

第4章

1. Brauer, K & Wolf, A（2016）, Validation of the Germanlanguage Clance Impostor Phenomenon Scale. *Personality and Individual Differences*, 102: 153–158.

2. Clance, P R & Imes, S（1978）, The impostor phenomenon in high achieving women: Dynamics and therapeutic intervention. *Psychotherapy: Theory, Research and Practice*: 241–247.

3. Badawy, R L, Gazdag, B A, Bentley, J R & Brouer, R L（2018）, Are all impostors created equal? Exploring gender differences in the impostor phenonmenon–performance link. *Personality and Individual Differences*, 131: 156–163.

4. 波琳·克兰斯的网站：https://paulineroseclance.com/impostor_phenomenon.html.

5. Badawy, R L, Gazdag, B A, Bentley, J R & Brouer, R L（2018），Are all impostors created equal? Exploring gender differences in the impostor phenonmenon-performance link. *Personality and Individual Differences*, 131: 156–163.

6. Clance, P R & Imes, S（1978），The impostor phenomenon in high achieving women: Dynamics and therapeutic intervention. *Psychotherapy: Theory, Research and Practice*: 241–247.

7. Rotter, J B（1966），Generalized expectancies for internal versus external control of reinforcement. *Psychological Monograph: General and Applied*, 80（1）: 1–28.

8. Covey, S R（1989），*The 7 Habits of Highly Effective People*. London: Simon & Schuster UK Ltd.

9. https://www.goodreads.com/quotes/1227701-if-you-don-tlike-something-change-it-if-you-can-t.

10. 我的朋友格林·斯蒂尔（Glynne Steele）创造了"触发器"练习，他是 dothinkdo 的创始人及总监；https://www.dothinkdo.com/.

11. Berger, J G（2012），*Changing on the Job: Developing Leaders for a Complex World*. Stanford, CA: Stanford Business Books.

12. Kegan, R（1994），*In Over Our Heads: The mental demands of modern life*. Cambridge, MA: Harvard University Press.

13. Kegan, R（1994），*In Over Our Heads: The mental demands of modern life*. Cambridge, MA: Harvard University Press.

14. Kegan, R（1994），*In Over Our Heads: The mental demands of modern life*. Cambridge, MA: Harvard University Press.

15. Kegan, R（1994）, *In Over Our Heads: The mental demands of modern life*. Cambridge, MA: Harvard University Press.

第5章

1. Hewlett, S A, Luce, C B, Servon, L J & Sherbin, L（2008）, *The Athena Factor: Reversing the brain drain in science, engineering, and technology*. The Center for Work–Life Policy.

2. Fine, C（2010）, *Delusions of Gender: The Real Science Behind Sex Differences*, p.69. London: Icon Books.

3. Fine, C（2010）, *Delusions of Gender: The Real Science Behind Sex Differences*, p.54. London: Icon Books.

4. 研究人员没有透露公司名称；学者必须保护其研究对象的身份信息。

5. Lyness, K S & Heilman, M E（2006）, When Fit Is Fundamental: Performance Evaluations and Promotions of Upper–Level Female and Male Managers. *Journal of Applied Psychology*, 91（4）: 777–785.

6. Rosch, E（1978）, Principles of categorization. In *Cognition and Categorization*, E Rosch & B B Lloyd（Eds.）. New Jersey: Erlbaum, 27–48.

7. 虽然世界上仍然存在一些母系社会（血统通过母亲追溯，子女随母姓），但真正的母系社会（政治和社会权力地位主要由女性掌控）已经不复存在。参见 Gneezy, U, Leonard, K L & List, J A（2009）, Gender differences in competition: Evidence from a matrilineal and a patriarchal society. *Econometrica*, 77（5）: 1637–1664，第 1639 页。

8. Schein, V E（2001）, A global look at psychological barriers to women's progress in management. *Journal of Social Issues*, 57（4）: 675–688.

9. Schein, V E（2001）, A global look at psychological barriers to women's progress in management. *Journal of Social Issues*, 57（4）: 675–688.

10. Fine, C（2010）, *Delusions of Gender: The Real Science Behind Sex Differences*. London: Icon Books.

11. 在题为"大脑骗局"的章节中，法恩把支持神经性别歧视论点的畅销书批评得一无是处。她重点关注露安·布哲婷的《女性大脑》（*The Female Brain*，2008 年）一书，并揭示了该书中包含的许多错误、失实陈述和彻头彻尾的谎言。

12. 正常情况下，猴子（两种性别）并不使用平底锅做饭，因此研究人员将平底锅归类为猴子的"女孩"玩具这一点似乎很奇怪。

13. Heilman, M E（2001）, Description and prescription: How gender stereotypes prevent women's ascent up the organizational ladder. *Journal of Social Issues*, 57（4）: 657–674.

14. Dill, J S, Price-Glynn, K & Rakovski, C（2016）, Does the 'glass escalator' compensate for the devaluation of care work occupations?: The careers of men in low- and middle-skill health care jobs. *Gender & Society*, 30（2）: 334–360.

15. McKinsey（2010）, *Women at the Top of Corporations: Making It Happen*.

16. Hoobler, J M, Wayne, S J & Lemmon, G（2009）, Bosses' perceptions of family-work conflict and women's promotability: Glass ceiling effects. *Academy of Management Journal*, 52（5）: 939–957.

17. Rudman, L A（1998）, Self-promotion as a risk factor for women: The costs and benefits of counterstereotypical impression management. *Journal of Personality and Social Psychology*, 74（3）: 629–645.

18. Williams, M J & Tiedens, L Z（2015）, The subtle suspension of backlash: A meta-analysis of penalties for women's implicit and explicit dominance behavior. *Psychological Bulletin*, 142（2）: 165–197.

19. O'Neill, O A & O'Reilly, C A（2011）, Reducing the backlash effect: Self-monitoring and women's promotions, *Journal of Occupational and Organizational Psychology*, 84: 825–832.

20. Snyder, M（1974）, Self-monitoring of expressive behavior. *Journal of Personality and Social Psychology*, 30（4）: 526–537.

21. Gershenoff, A B & Foti, R J（2003）, Leader emergence and gender roles in all-female groups. *Small Group Research*, 34（2）: 170–196.

22. Kark, R, Waismel-Manor, R & Shamir, B（2012）, Does valuing androgyny and femininity lead to a female advantage? The relationship between gender-role, Transformational Leadership, and identification. *Leadership Quarterly*, 23: 620–640.

23. Zheng, W, Surgevil, O & Kark, R（2018）, Dancing on the razor's edge: How top-level women leaders manage the paradoxical tensions between agency and communion. *Sex Roles*, 79: 633–650.

24. Carli, L L, LaFleur, S J & Loeber, C C（1995）, Nonverbal behavior, gender, and influence. *Journal of Personality and Social Psychology*, 68: 1030–1041.

25. Goldin, C & Rouse, C（2000）, Orchestrating impartiality: the impact of "blind" auditions on female musicians. *The American Economic Review*, 90（4）: 715–741.

26. https://www.forbes.com/sites/londonschoolofeconomics/2019/07/05/why-gender-bias-still-occurs-and-what-we-cando-about-it/#4ecb2a275228.

第6章

1. Gelfand, M J, Raver, J L, Nishii, L, Leslie, L M, Lun, J, Lim, B C, Duan, L, Almaliach, A, Ang, S, Arnadottir, J, Aycan, Z, et al.（2011）, Differences between tight and loose cultures: A 33-nation study. *Science*, 332（6033）: 1100–1104.

2. Schein, E H（2017）, *Organizational Culture and Leadership*, 5th edition. New Jersey: John Wiley & Sons Inc.

3. Schein, E H（2017）, *Organizational Culture and Leadership*, 5th edition. New Jersey: John Wiley & Sons Inc.

4. 这些问题基于 Schein, E H（1990）, Organizational culture. *American Psychologist*, 45（2）: 109–119.

5. Trompenaars, F & Hampden-Turner, C（2011）, *Riding the waves of culture: Understanding cultural diversity in business*. 2nd edition. London: Nicholas Brealey Publishing.

6. Detert, J R, Scroeder, R G & Mauriel, J J（2000）, A framework for linking culture and improvement initiatives in organizations. *Academy of Management Review*, 25（4）: 850–863.

7. Hsieh, T（2010）, Delivering Happiness: *A Path to Profits, Passion, and Purpose*. New York: Grand Central Publishing.

8. https://www.hofstede-insights.com/product/compare-countries/.

9. Carsten, M K, Uhl-Bien, M, West, B J, Patera, J L & McGregor, R（2010）, Exploring social constructions of followership: A qualitative study. *Leadership Quarterly*, 21: 543–562.

10. Hofstede, G（1997）, *Cultures and Organizations: Software of the Mind*. New York: McGraw-Hill.

11. Hall, E T（1989）, *Beyond Culture*. New York: Anchor Books.

12. Ang, S, Van Dyne, L, Koh, C, Ng, K Y, Templer, K J, Tay, C & Chandrasekar, N A（2007）, Cultural intelligence: Its measurement and effects on cultural judgment and decision making, cultural adaptation and task performance. Management and Organization Review,3（3）: 335–371.

第7章

1. Pierce, J L, Kostova, T & Dirks, K T（2001），Toward a Theory of Psychological Ownership in Organizations. *Academy of Management Review*, 26（2）: 298–310.

2. Dirks, K T, Cummings, L L & Pierce, J L（1996），Psychological ownership in organizations: Conditions under which individuals promote and resist change. In R W Woodman & W A Pasmore（Eds.），*Research in Organizational Change and Development*, 9: 1–23. Greenwich, CT: JAI Press.

3. Fisher, R & Shapiro, D（2007），*Building Agreement: Using emotions as you negotiate*. London: Random House.

4. http://www.lse.ac.uk/study–at–lse/Online–learning/Courses/Programme–on–Negotiation.

5. 我借鉴了以下来源：Ashford, S J & Detert, J（2015），Get the boss to buy in. *Harvard Business Review*, Jan–Feb, 72–79; Dutton, J, Ashford, S, O'Neill, R & Lawrence, K（2001），Moves that matter: Issue selling and organizational change, *Academy of Management Journal*, 44（4）: 716–736; Ashford, S J, Rothbard, N P, Piderit, S K & Dutton, J E（1998），Out on a limb: The role of context and impression management in selling gender–equity issues. *Administrative Science Quarterly*, 43（1）: 23–57; Dutton, J E & Ashford, S J（1993），Selling Issues to Top Management. *Academy of Management Review*, 18（3）: 397–428.

6. Dutton, J, Ashford, S, O'Neill, R & Lawrence, K（2001），Moves that matter: Issue selling and organizational change, Academy of Management Journal, 44（4）: 716–736.

7. https://www.nia.nih.gov/health/cognitive–health–andolder–adults.

致谢

如果没有克劳迪娅·康纳尔（Claudia Connal），这本书就不会存在。她在2018年11月突然给我发了电子邮件。作为一名学者，我偶尔会收到来自出版商的电子邮件，询问我有没有兴趣写一本教材或专著来介绍我的研究，但克劳迪娅有着不一样的愿景：她希望推出一本面向普通读者的图书，在书中提供基于科学证据的实用工具。这一点对我很有吸引力，而且她选择的时机也很完美。我一直在考虑写一本书，而她的电子邮件给了我必要的推动力。

由于这是我写的第一本书，我非常欣赏克劳迪娅出色的编辑技巧。她精于此道，深知何时需要进行更多（或更少）的解释、何时需要在某一节中介绍更多实用小贴士，以及我在何时会使用过多的学术语言。随着手稿字数越来越多，它变得让我不堪重负，但克劳迪娅设法从中挑出需要加工的关键性段落或章节。

我也很感激克里斯蒂·麦卡斯克-德里卡多（Kirsty McCusker Delicado）为我提供了一个平台，让我能够接触到伦敦政治经济学院社区以外的受众。我的课程大受欢迎，让我意识到这些概念确实对公众很有吸引力，从而给了我将它们写进书中的信心。

家人一直是我最有力的支持者，包括我丈夫和他的父母、我的女儿们，还有我的父母约瑟夫·周（Joseph Chou）和莉莉·周（Lily Chou）。我父母在去世之前都没能看到本书出版，但他们知道我在写这本书，我和他们分享了我在签下第一份图书合同时的激动心情。

如果没有我的丈夫杰森·洛克（Jason Locke），我就永远不会开启这段旅程。我们的关系让我有勇气设定雄心勃勃的目标，而他的耐心态度和无条件支持让我能够追求这些目标。他辞掉了中国香港的工作，和我一起搬到了伯克利，让我得以攻读博士学位；不仅如此，他还做起了全职家长，让我得以在学术界打拼事业。发现伦敦政治经济学院正在招聘并说服我申请的人是他，为我撰写这本书提供支持，并确保我每个周末都有安静的时间来做这件事的人也是他。

最后，衷心感谢我在伦敦政治经济学院的所有优秀学生，以及我在联合国系统职员学院课程的学员。我从你们所有人身上学到了很多东西。你们从世界各地带来的故事和经历给了我新的洞见，你们的问题帮助我厘清了思路并改进了教学方式。希望这本书可以帮助你们让自己的声音更有分量。